中华人民共和国行业推荐性标准

公路桥梁加固施工技术规范

Technical Specifications
for Strengthening Construction of Highway Bridges

JTG/T J23—2008

主编单位:中交第一公路勘察设计研究院有限公司
批准部门:中华人民共和国交通运输部
实施日期:2008 年 10 月 01 日

人民交通出版社

图书在版编目（CIP）数据

公路桥梁加固施工技术规范/中交第一公路勘察设计院主编．—北京：人民交通出版社，2008.9

ISBN 978－7－114－07378－6

Ⅰ．公… Ⅱ．中… Ⅲ．公路桥－加固－施工技术－规范－中国 Ⅳ．U448.145.7-65

中国版本图书馆 CIP 数据核字（2008）第 139534 号

中华人民共和国行业推荐性标准

公路桥梁加固施工技术规范

JTG/T J23—2008

中交第一公路勘察设计研究院有限公司　主编

人民交通出版社出版发行

（100011　北京市朝阳区安定门外外馆斜街 3 号）

各地新华书店经销

北京市密东印刷有限公司印刷

开本：880×1230　1/16　印张：6　字数：118 千

2008 年 10 月　第 1 版

2024 年 6 月　第 14 次印刷

定价：40.00 元

ISBN 978-7-114-07378-6

中华人民共和国交通运输部
公　　告

2008年第26号

关于公布《公路桥梁加固施工技术规范》(JTG/T J23—2008)公告

现公布《公路桥梁加固施工技术规范》(JTG/T J23—2008),作为公路工程行业推荐性标准,自2008年10月1日起施行。

该规范的管理权和解释权归交通运输部,日常解释及管理工作由主编单位中交第一公路勘察设计研究院有限公司负责。请各有关单位在实践中注意总结经验,如有修改意见请函告中交第一公路勘察设计研究院有限公司,以便修订时研用。

特此公告。

中华人民共和国交通运输部

二〇〇八年八月二十九日

主题词:公路　行业　规范　公告

交通运输部办公厅　　2008年9月1日印发

前　言

根据交通部“关于下达2005年度公路行业标准制修订项目计划的通知”(交公路发【2005】354号),中交第一公路勘察设计研究院有限公司作为主编单位组织有关专家编制了《公路桥梁加固施工技术规范》(JTG/T J23—2008)。

本规范吸取了国内研究成果和工程施工经验,借鉴了国际先进的标准规范,与国内相关规范作了比较和协调。通过召开专家审查会、发函等方式,征求了有关单位和个人的意见,经过反复讨论、修改,最后由交通运输部审查定稿。

本规范包括12章和2个附录,基本涵盖了公路桥梁加固施工的各种技术、工艺及施工要求。主要内容包括:

1. 总则;
2. 施工准备与施工组织;
3. 桥梁混凝土构件裂缝及表层缺陷的处理;
4. 梁桥、拱桥、缆索体系桥、钢桥、下部结构与基础加固的施工工艺、方法、质量检验与验收标准;
5. 桥梁抗震及防撞加固的施工工艺方法、质量检验与验收标准;
6. 桥梁支座、伸缩缝更换的施工工艺及方法,等等。

请各单位在使用过程中注意总结经验,将发现的问题与意见及时函告主编单位中交第一公路勘察设计研究院有限公司(地址:西安市西高新区沣惠南路20号华晶商务广场A座12层,邮政编码:710075,联系电话:029-88372535,电子邮箱:JTG-J23-2008@163.com),以便修订时参考。

主 编 单 位:中交第一公路勘察设计研究院有限公司
参 编 单 位:中交第二公路工程局有限公司
中交第二航务工程局有限公司
交通部公路科学研究院
主要起草人:许宏元　牛　宏　雷　波　王　蔚　袁雪戡　李承昌
李文琪　张永生　徐振立　陈常明　綦玉坤　卫红蕊

目　录

1　总则

1.0.1　为了满足公路桥梁加固工程施工的需要,确保加固工程质量,制定本规范。

1.0.2　本规范适用于公路桥梁加固工程的施工。公路桥梁的改建与大、中修工程可参照执行。

1.0.3　桥梁的加固施工应按照国家有关基本建设程序,做好施工前的准备工作及技术交底,编制实施性施工组织设计,制订必要的施工工艺细则,采取有效措施,确保加固质量。并应遵照本规范的规定进行施工与验收。

1.0.4　桥梁加固坚持动态施工原则。

1.0.5　桥梁加固施工应积极推广使用成熟的并经主管部门鉴定或批准的新技术、新工艺、新材料、新设备。

1.0.6　桥梁加固施工,除执行本规范外,尚应符合国家及行业现行标准、规范的相关规定。

2 术语

2.0.1 加固施工 Strengthening construction

对桥梁进行使用功能恢复或承载能力提高及缺陷处理的施工。

2.0.2 裂缝表面封闭法 Sealed surface method

对混凝土构件表面微小裂缝进行封闭处理的方法。

2.0.3 自动低压渗注法 The automatic low pressure seeps method

采用低压注射装置,利用注浆体良好的渗透性能处理裂缝的方法。

2.0.4 压力注浆法 Pressure slip casting method

通过一定的压力将浆液压入混凝土裂缝中的方法。

2.0.5 环氧涂层钢筋 Epoxy coating reinforcement

表面涂有封闭环氧涂层的钢筋。

2.0.6 套拱加固法 Interlink arch strengthening method

在原桥主拱圈底面新增拱圈,使新旧拱圈共同受力的加固方法。

2.0.7 更换斜拉索 Stayed cable replacement

对不能满足正常使用要求的斜拉索进行更换。

2.0.8 焊接加固法 Welding strengthening method

采用焊接工艺对钢构件进行加固的方法。

2.0.9 栓接加固法 Bolting strengthening method

采用螺栓连接工艺进行加固的方法。

2.0.10 裂纹修理 Restoration of crack

对钢构件产生的裂纹进行的修理。

2.0.11　套箍加固法　Strengthening method with hoops

在桥梁墩身、台身表面缠绕钢带、纤维复合材料条带或浇筑钢筋混凝土形成封闭式套环的加固方法。

3 施工准备与施工组织

3.1 施工准备

3.1.1 在施工前,应对加固桥梁技术状况进行复查,并将复查结果通知有关单位。在桥梁的加固施工过程中,应加强观测与检查,及时反馈信息指导施工。

3.1.2 材料检验

桥梁加固施工使用的主要材料,应具有国家相关管理部门认定的产品性能检测报告和产品合格证,其物理力学性能指标应满足设计要求。

桥梁加固用材料的检验,应依据国家及行业现行有关标准执行。

3.1.3 仪器具标定、设备校验

用于桥梁试验与检测的各类仪器具应进行标定,桥梁加固设备应按要求校验。标定和校验应由经有关主管部门认定的计量机构进行。

3.2 施工组织设计

3.2.1 应按照设计文件和技术规范要求编制实施性施工组织设计。

3.2.2 桥梁加固实施性施工组织设计应包括以下内容:编制说明、旧桥概况(含技术状况评定结果)、施工准备及施工总体策划、施工组织机构、加固施工方案、交通组织方案、资金计划、总进度计划及进度图、质量管理和质量保证体系、安全生产、环境保护、职业健康等。

3.2.3 桥梁加固施工前应进行施工技术交底。

3.3 施工安全及环境保护

3.3.1 桥梁加固施工,必须严格遵守安全操作规程,建立健全安全生产管理制度。

3.3.2 采用化学材料施工时,应符合以下规定:

1 配制化学浆液的易燃原料应密封保存、远离火源。

2 配制及使用场地必须通风良好,操作人员防护应符合有关劳动保护规定。

3 工作场地严禁吸烟、明火取暖,并配备相关的消防设施。

4 施工完成后,现场及结构内不应遗留有害化学物质。

3.3.3 桥梁加固施工应严格控制对原结构的损伤。

3.3.4 对处于受力状态下的结构构件进行加固时,若对原结构有削弱,应采取限载或支架支撑措施。所搭设的支架应通过按最不利荷载进行的验算。

3.3.5 桥梁加固施工,应减少对交通的影响。对于不中断交通桥梁的加固施工,必须采取以下安全措施:

1 施工前与公路及交通相关管理部门联系办理有关手续,按批准的时间、范围进行施工。

2 严格按现行《公路养护安全作业规程》(JTG H30)设置施工标志、限制速度标志、反光锥形交通路标和其他安全设施。桥下有通航要求时,应布置航行标志和警示灯。

3 桥梁加固前,作业区路段各公路出入口及作业区前方适当位置应设置公告信息牌,并向社会发布相关公告信息。

4 桥梁加固施工前,制订由于交通事故、车辆故障等引起的交通堵塞应急预案,在突发事件发生后及时启动。

3.3.6 桥梁加固施工宜在晴天和白天进行。必须在不良天气或夜间施工时,应有相应的施工保障措施。

3.3.7 桥梁加固施工,应采取必要措施保护生态环境。

4 混凝土桥梁表层缺陷处理

4.1 混凝土修补

4.1.1 本节适用于混凝土桥梁构件表面蜂窝、空洞以及较大范围破损等缺陷的修补施工。

4.1.2 用混凝土材料进行缺陷修补,应采用比原结构强度指标高一级的混凝土,混凝土粗集料的粒径不宜大于15mm。在施工条件受限时可采用自密实混凝土。

4.1.3 在修补前应对混凝土表面的蜂窝、空洞进行处理、凿毛,对已经生锈的钢筋进行除锈,并使旧混凝土表面保持湿润、清洁。

4.1.4 混凝土施工技术要求应符合现行《公路桥涵施工技术规范》的相关规定,浇筑施工时应注意振捣及养生。

4.2 水泥砂浆修补

4.2.1 桥梁构件表面出现深度较浅、小面积缺陷的修补,可采用水泥砂浆人工涂抹法进行修补,修补材料主要采用普通水泥砂浆或专用修补材料。

4.2.2 当桥梁构件表面出现大面积浅层缺陷及破损时,可采用喷浆修补法。

4.3 聚合物水泥砂浆修补

4.3.1 聚合物水泥砂浆适用于混凝土桥梁表面的风化、剥落、露筋及小面积的破损等缺陷的修补。聚合物水泥砂浆的性能指标应符合《公路桥梁加固设计规范》(JTG/T J22—2008)表4.7.2的规定。

4.3.2 聚合物水泥砂浆修补施工过程中,应避免振动。

4.3.3 修补部位的聚合物砂浆终凝前,应采取保护措施,避免其表面受雨水、风及阳光直射影响,并应及时养护。

4.4 改性环氧砂浆(混凝土)修补

4.4.1 采用改性环氧砂浆(混凝土)修补混凝土表面缺陷时,改性环氧基液的安全性能指标应符合相关标准、规范的有关规定。

4.4.2 涂抹改性环氧砂浆(混凝土)修补前,应先在已凿毛的混凝土表面涂一层改性环氧基液,使旧混凝土表面充分浸润。

4.4.3 立模浇筑改性环氧混凝土的工艺要求与浇筑普通混凝土基本相同,但应防止扰动已涂刷的改性环氧基液;浇筑时应充分插捣,反复压抹平整。

4.4.4 改性环氧砂浆施工温度宜为20℃ ±5℃,高温或寒冷季节应采取有效措施控制施工温度。

4.5 混凝土表面防腐涂装

4.5.1 处于严重腐蚀环境下的混凝土桥梁,其混凝土表面可进行防腐涂装。

4.5.2 选择防腐材料型号时,应综合考虑桥梁所处环境的温度、湿度及养护条件等因素,采用能有效抵抗外部因素与侵害侵蚀的、经检验符合国家有关标准要求的材料。

4.5.3 混凝土桥梁涂装前应除去混凝土表面模板残渣、油污及杂物等,金属外露的锐边、尖角和毛刺应打磨圆顺。

4.5.4 涂装前应使混凝土表面保持干燥、清洁。在混凝土表面处理检查合格后4h内进行施工。

4.6 钢筋防锈蚀处理

4.6.1 混凝土表层缺陷处理前应对生锈钢筋进行除锈,缺陷处理后宜在修补范围及周边涂刷渗透型阻锈剂。

4.6.2 阻锈剂的质量及性能指标应符合有关现行国家、行业标准的相关规定。

4.6.3 新浇筑混凝土采用阻锈剂溶液时,混凝土拌和物的搅拌时间应延长1min;采用阻锈剂粉剂时,应延长3min。

4.7 质量检验与验收

4.7.1 桥梁混凝土缺陷修补完成后表面应平整,无裂缝、脱层、起鼓、脱落等,修补处表面与原结构表面色泽应基本一致。

修补后平整度允许偏差值应满足表4.7.1要求。

表4.7.1 平整度允许偏差值实测项目

项　　目	允 许 偏 差	检查方法与频率
梁体平整度(mm)	5	钢尺丈量
阴阳角(°)	5	尺量

4.7.2 对浇筑面积较大的混凝土或砂浆,应预留强度试块;新旧混凝土的黏结情况可通过敲击法和钻芯取样检测,钻芯检测法应符合本规范第5章的有关规定。

4.7.3 桥梁混凝土表面涂装应无漏喷、流挂、针孔、气泡、色泽不均等异常情况。涂装表面应均匀平整。

桥梁混凝土表面涂装应符合表4.7.3规定。

表4.7.3 桥梁混凝土表面涂装实测项目

项次	实 测 项 目	规定值或允许偏差	检查方法和频率
1	总干膜平均厚度	≥设计厚度	涂装完成7d后进行测定。每50m^2面积随机检测一个点,测点总数不少于30个
2	总干膜最小厚度	≥0.75倍设计厚度	

5 结构裂缝的处理

5.1 材料选用

5.1.1 裂缝修补胶除应符合《公路桥梁加固设计规范》(JTG/T J22—2008)第4章的相关规定外,尚应符合下列要求:

1 裂缝修补胶浆液的黏度小,渗透性、可灌性好;

2 裂缝修补胶浆液固化后收缩性小;固化时间可调节;灌浆工艺简便;固化后不应遗留有害化学物质。

5.1.2 修补裂缝用聚合物水泥注浆料,应符合《公路桥梁加固设计规范》(JTG/T J22—2008)第4章的相关规定。

5.2 施工要求

5.2.1 裂缝调查及标注。对裂缝进行全面的调查,现场核实裂缝数量、长度、宽度等,并对裂缝编号,做好记录,绘制裂缝分布图。

5.2.2 桥梁混凝土构件裂缝处理应根据不同构件、不同部位、不同的裂缝形态选择适当的修补方法、修补材料和修补顺序。

5.2.3 裂缝缝口表面处理,应使工作面平顺、干燥、无油污。处理范围沿裂缝走向宽30~50mm。

5.2.4 采用表面封闭法处理裂缝时,应在缝口表面处理后,用裂缝修补材料涂刷或用改性环氧胶泥适当加压刮抹。

5.2.5 自动低压渗注法、压力注浆法的施工工艺流程如图5.2.5所示。

5.2.6 注浆嘴沿裂缝走向布置,间距视缝宽度一般为200~400mm。

5.2.7 压力注浆修补裂缝应根据浆液流动性选择注浆压力,一般为0.1~0.4MPa。

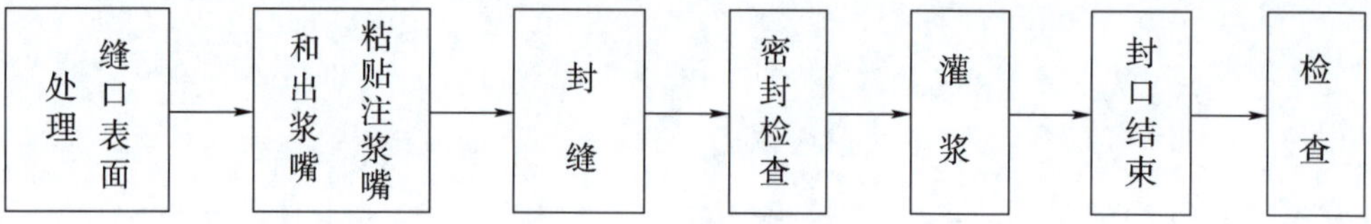

图 5.2.5　注浆工艺流程图

5.2.8　竖向、斜向裂缝压浆应自下而上进行。

5.3　质量检验与验收

5.3.1　表面封缝材料固化后应均匀、平整,不出现裂缝,无脱落。

5.3.2　当注入裂缝的修补胶达到 7d 固化期时,应采用取芯法对注浆效果进行检验。芯样检验应采用劈裂抗拉强度测定方法。当检验结果符合下列条件之一时为符合设计要求:

1　沿裂缝方向施加的劈力,其破坏应发生在混凝土部分(即内聚破坏);

2　破坏虽有部分发生在界面上,但其破坏面积不大于破坏面总面积的 15%。

6 梁桥加固

6.1 桥面板补强加固

6.1.1 桥面板凿毛处理

先凿去桥面铺装层及桥面防水层,然后凿除梁顶面混凝土,使表面粗糙凹凸差不小于6mm。

6.1.2 桥面板若出现裂缝,应按本规范第5.2节要求进行修补。

6.1.3 凿除梁顶面混凝土破损部分,被凿除部分可先行修补或与桥面混凝土补强层同时浇筑,修补完成后应恢复桥面防水层。

6.1.4 植锚固钢筋和布置加强钢筋

采用植筋方法设置锚固钢筋,植筋方法应符合本规范6.3.3条及附录A规定。桥面板加强钢筋的施工应符合现行《公路桥涵施工技术规范》的相关规定。

6.1.5 浇筑混凝土前应清洁表面并保持湿润;新浇混凝土应振捣密实并及时养生。

6.1.6 运营中桥梁的加固,宜配制早强混凝土,并通过加强现场养生等有效措施来保证混凝土早期强度的增长。

6.1.7 空心板顶板厚度不足引起的桥面板破损和开裂,应凿除顶板厚度不足部分,在箱内立模,按设计厚度重新浇筑顶板混凝土,新浇筑顶板混凝土的强度等级不应低于原空心板混凝土强度等级。

6.1.8 空心板间铰缝或箱梁湿接缝混凝土破损时,应凿除破损处混凝土,使表面整洁粗糙,按设计要求进行植筋和布置钢筋,并浇筑混凝土。

6.2 增大截面加固

6.2.1 构件结合面的处理:应凿除原构件混凝土缺陷部分,构件结合面凿毛凹凸差不宜小于6mm,并露出粗骨料。

6.2.2 梁肋增设主筋时,对原有钢筋应除锈,当受力钢筋需焊接时,施焊前应采取措施避免烧伤混凝土。

6.2.3 在原结构上植筋,其方法和技术要求应符合本规范附录A的规定,新增钢筋骨架应与锚筋连成整体。

6.2.4 在浇筑混凝土前,原混凝土表面应清洗干净并保持清洁湿润。

6.2.5 外包混凝土的支架、模板应满足强度、刚度和稳定性的要求。当外包混凝土体积较大时,应对支架进行预压,浇筑过程中逐步卸载。预压量和卸载程序应进行设计。

6.2.6 外包混凝土浇筑施工技术要求按现行《公路桥涵施工技术规范》的相关规定执行。

6.3 粘贴钢板加固

6.3.1 钢板制作

1 钢板下料宜采用工厂自动、半自动切割方法,切割边缘表面光滑,无毛刺、咬口及翘曲等缺陷。

2 钢板黏合面可用喷砂或平砂轮打磨直至露出金属光泽,打磨纹路应与钢板受力方向垂直,钢板黏结面应有一定的粗糙度;钢板外露面必须除锈至呈现金属光泽并保持干燥。

3 按锚栓设计位置对钢板钻孔。孔的边缘应清除毛刺。

6.3.2 胶黏剂应满足设计要求的各项力学指标和耐久性要求。其质量应符合《公路桥梁加固设计规范》(JTG/T J22—2008)第4章的相关规定。

6.3.3 植螺栓

1 采用植筋法安装螺栓时,应采用与螺栓直径配套的钻头进行钻孔。螺栓的成孔直径按照本规范附录A表A.1.1-1确定。

2 在钻孔前应探明钢筋位置,并作标记,当钻孔与钢筋位置冲突时,适当调整孔位,并按调整的孔位安装钢板。

3 钻孔应清理干净,保持干燥,不得有油污。

4 植螺栓的施工工艺按照本规范附录B执行。

6.3.4 钢板的安装与锚固

1 钢板粘贴应选择干燥环境下进行。

2 将配好的胶黏剂均匀地涂抹在清洁的混凝土和钢板条黏结面上。立面涂胶应自上而下地进行。

3 钢板条黏结面上的抹胶可中间厚两边薄，板的中央涂抹胶的厚度为 3 ~ 5mm。将钢板平稳对准螺栓孔并迅速拧紧螺帽，使钢板与混凝土紧密黏合，清除挤出的多余胶黏剂。钢板加压的顺序应由中间向两边对称进行。

4 钢板厚度大于 5mm 时，采用压力注胶黏结，先用封边胶将钢板周围封闭，留出排气孔，在钢板低端黏贴注浆嘴并通气试漏后，以不小于 0.1MPa 的压力压入胶黏剂，当排气孔出现浆液后停止加压，并用封边胶封堵，再以较低压力维持 10min 以上。

6.3.5 加固用钢板应按设计要求进行涂装防护处理。

6.4 粘贴纤维复合材料加固

6.4.1 底层处理

1 用裂缝修补胶灌注结构裂缝，其施工工艺应符合本规范第 5.2 节的相关规定。

2 将混凝土表面剥落、疏松、蜂窝、腐蚀等劣化部分清除，并进行清洗、打磨，待表面干燥后，用修补材料将混凝土表面凹凸部位修复平整。如果有毛刺，应用砂纸打磨。找平面用手触摸感觉干燥后，才能进行下一工序的施工。

3 粘贴处阳角应打磨成圆弧状，阴角以修补材料填补成圆弧倒角，圆弧半径不应小于 25mm。

6.4.2 涂刷底胶

1 调制好的底胶应及时使用，用一次性软毛刷或特制滚筒将底胶均匀涂抹于混凝土表面，不得漏刷、流淌或有气泡。待底胶固化后检查涂胶面，如涂胶面上有毛刺，应用砂纸打磨平顺，如胶层被磨损，应重新涂刷，固化后方可进行下一道工序。

2 底胶固化后应尽快进行下一道工序，若涂刷时间超过 7d，应清除原底胶，用砂轮机磨除，重新涂抹。

6.4.3 粘贴纤维复合材料

1 雨天或空气潮湿条件下不宜施工。对玻璃纤维复合材料，相对湿度不宜大于 80%。如确需在潮湿的构件上施工，必须烘干构件表面或采用专门的胶黏剂。

2 纤维复合材料粘贴宜在 5 ~ 35℃ 环境温度条件下进行，胶黏剂的选用应满足使用环境温度的要求。

3 在待加固的混凝土表面按照设计图纸放样，确定纤维复合材料各层的位置。

4 按照设计尺寸裁剪纤维复合材料，纤维复合材料搭接长度不宜小于 100mm，搭接位置宜避开主要受力区。裁剪的纤维布材必须呈卷状妥善摆放并编号。已裁剪的纤维复合材料应尽快使用。

5　粘贴纤维复合材料前,应对混凝土表面再次拭擦,确保粘贴面无粉尘。混凝土表面涂刷胶黏剂时,应做到胶体不流淌;胶体涂刷不出控制线;涂刷均匀。

6　粘贴立面纤维复合材料时,应按照由上到下的顺序进行。用滚筒将纤维复合材料从一端向另一端滚压,除去胶体与纤维复合材料之间的气泡,使胶体渗入纤维复合材料,浸润饱满。选用的滚筒应在滚压过程中不产生静电作用。

7　当采用多条或多层纤维复合材料加固时,在前一层纤维布表面用手指触摸感到干燥后,立即涂胶黏剂粘贴后一层纤维复合材料。

8　最后一层纤维复合材料施工结束后,在其表面均匀涂抹一层浸渍树脂(面层防护),自然风干。

9　对于受弯构件宜在受拉区沿轴向平直粘贴纤维复合材料进行加固补强,并在主纤维方向的断面端部进行锚固处理。

10　当采用碳纤维板加固时,不宜搭接,应按设计尺寸一次完成下料。

6.5　体外预应力加固

体外预应力加固体系由预应力钢筋(束)、锚固系统、转向装置、水平束定位装置等组成。

6.5.1　预应力钢筋加工与运输

1　预应力所用的粗钢筋、钢绞线等预应力材料在下料安装之前要密封包裹,防止锈蚀。

2　运输过程中要防止钢材之间相互碰撞而变形损坏。预应力材料必须保持清洁,在存放和搬运过程中应避免机械损伤和锈蚀。如材料进场后需长时间存放,必须安排人员定期进行外观检查。仓储保管时,仓库应干燥、防潮、通风良好、无腐蚀性气体和介质;室外保管时,时间不宜超过6个月,不得直接堆放在地面上,必须采取下面垫以枕木并在其上用防雨布覆盖等有效措施,避免受雨水、露水和各种腐蚀性气体、介质的影响。

3　钢绞线、精轧螺纹钢筋应采用切断机或砂轮锯切断,不得采用电弧切割。预应力筋的下料长度应通过计算确定,计算时应考虑张拉设备所需的工作长度、冷拉伸长值、弹性回缩值、张拉伸长值和外露长度等因素。

6.5.2　安装及张拉

1　按设计要求增设转向装置或齿板,并安装锚具。

2　对称、均衡张拉至设计吨位,施加张拉力次序可为:0→15%→0→50%→80%→100%。张拉方法按现行《公路桥涵施工技术规范》的相关规定执行。

6.5.3　施工监控

在控制张拉力和伸长量的同时,应对旧桥控制截面和关键位置的应变及主梁挠度进行监控。

6.5.4 齿板、转向块(板)及滑块

1 齿板

1)按照设计图纸进行齿板放样,若原结构预应力筋与新增齿板位置冲突时,应经设计方同意后方可调整齿板位置。

2)凿除底板混凝土保护层,露出新鲜混凝土面,将混凝土碎渣清理干净,使底板纵向和横向钢筋外露,并对钢筋除锈。

3)按照设计要求植筋。待固化后绑扎齿板钢筋骨架,调准锚具位置及角度。

4)立模浇筑齿板混凝土,待混凝土强度达到设计值后方可张拉预应力束。

2 转向块

新浇混凝土转向块与梁体间连接处须凿毛处理,需植筋时可参照本规范附录A的相关要求执行。

3 滑块

1)当滑块为混凝土构件时,应预留预应力钢筋孔道。

2)水平滑块的钢垫板应粘贴在梁的底面。当在水平滑块上设置聚四氟乙烯滑板时,可将其预先粘贴在钢垫板上或滑块的顶面上。水平预应力钢筋的定位座可粘贴在跨中梁底位置。

6.5.5 防腐与防护

体外预应力筋张拉结束后应按设计要求进行防腐处理。当体外预应力筋采用成品索,可不采取防腐措施。

6.6 改变结构体系加固

6.6.1 增加支点

1 增加支座

按设计位置修建新桥墩,并对支点处梁体进行加固补强。

在墩台帽上用千斤顶同步顶升主梁,安放支座,然后撤出千斤顶。顶升梁体安装支座的技术要求应符合本规范第12章规定。

2 支点固结

新建桥墩与梁体固结,应按设计布置钢筋或预应力筋。固结部位与梁的接触面均应进行凿毛,清除浮渣,洒水湿润,并用干硬性混凝土浇筑。其施工技术要求应符合现行《公路桥涵施工技术规范》的相关规定。

6.6.2 简支变连续

1 凿除原桥面铺装和梁端部混凝土,使主筋外露。连接梁端钢筋并在梁顶增设受力钢筋,如采用植筋工艺,可参照本规范附录A的规定执行。采用挤压套筒连接钢筋时,应按照《带肋钢筋套筒挤压连接技术规程》(JGJ 108—96)的相关规定执行。

2 简支变连续采用预应力时,可在梁顶凿槽布设波纹管道,按设计要求焊接梁端的

连接钢筋,安装预应力束和锚具,待连接混凝土达到设计强度后进行张拉。

3　当双支座改为单支座时,墩顶新支座安装一般与接缝底模安装同时进行,其施工技术要求应符合本规范第12章及现行《公路桥涵施工技术规范》规定。

4　浇筑连接缝处混凝土。混凝土集料粒径不宜大于20mm。混凝土浇注宜选择在温度较低时间段进行。

6.6.3　通过增加构件变原结构为组合结构。其施工技术要求应符合现行《公路桥涵施工技术规范》的相关规定。

6.7　质量检验与验收

6.7.1　总体要求

1　桥梁加固施工使用的主要材料性能,应在加固工程现场取样进行检验,并应符合设计要求。

2　新增混凝土强度的原位检测可采用超声—回弹综合法、钻芯法等方法。

6.7.2　粘贴钢板

1　锚栓的植入深度应符合设计要求,钻孔深度偏差不应大于5mm。

2　目测钢板边缘的溢胶,色泽应均匀,胶体应固化。

3　钢板的有效黏结面积应不小于95%,可采用以下三种方法检查:

1)敲击检测法;

2)超声波检测法;

3)红外线检测法。

6.7.3　粘贴纤维复合材料

1　碳纤维复合材料施工质量检验及验收标准应满足表6.7.3要求,其他纤维复合材料按照相关标准执行。

表6.7.3　碳纤维复合材料粘贴质量检验实测项目

<table>
<tr><th>项次</th><th colspan="3">检验项目</th><th>合格标准</th><th>检验方法</th><th>频　数</th></tr>
<tr><td>1</td><td colspan="3">碳纤维布材粘贴误差</td><td>中心线偏差≤10mm</td><td>钢尺测量</td><td>全部</td></tr>
<tr><td>2</td><td colspan="3">碳纤维布材粘贴数量</td><td>≥设计数量</td><td>计算</td><td>全部</td></tr>
<tr><td rowspan="4">3</td><td rowspan="4">粘贴质量</td><td colspan="2">空鼓面积之和与总粘贴面积之比</td><td>小于5%</td><td>小锤敲击法</td><td>全部或抽样</td></tr>
<tr><td rowspan="2">胶黏剂厚度</td><td>板材</td><td>2mm ± 1.0mm</td><td rowspan="2">钢尺测量</td><td rowspan="2">每构件3处</td></tr>
<tr><td>布材</td><td><2mm</td></tr>
<tr><td colspan="2">硬度(布材)</td><td>>70°</td><td>测量</td><td>—</td></tr>
</table>

2　现场粘贴金属块进行加载试验,观察破坏形式,判断粘贴效果是否合格。试验要

求应符合《混凝土结构加固设计规范》(GB 50367—2006)的相关规定。

6.7.4 体外预应力加固

体外预应力加固的张拉控制及尺寸偏差应满足表 6.7.4 要求。

表 6.7.4 体外预应力张拉控制及尺寸偏差实测项目

项次	检查项目		规定值或允许偏差	检查方法与频率
1	钢索坐标(mm)	梁长方向	±30	尺量:抽查 50%;各转折点
		梁高方向	±10	
2	张拉力值		符合设计要求	查油压表读数:全部
3	张拉伸长率		符合设计要求,设计未规定时,±6%	尺量:全部
4	断丝滑丝数	钢束	每束 1 根,且每断面不超过钢丝总数的 1%	目测;每根(束)
		钢筋	不允许	

7 拱桥加固

7.1 拱上建筑拆除

7.1.1 拱上建筑拆除应严格按设计卸载程序进行。设计无要求时,应按对称、均衡原则进行拆除。对跨径较大的拱桥,拱上建筑拆除应做专门的卸载程序设计与相应的结构验算。

7.1.2 拱上建筑拆除时,应观测1/4跨、拱顶及其他控制截面的挠度和拱圈横向位移、结构开裂情况。多孔拱桥拱上建筑不能同时对称拆除时,还应观测相邻孔跨拱圈和墩台的变位,并详细记录。发现异常情况必须立即停止施工,并及时分析原因。必要时应采取安全措施或调整卸载程序。

7.1.3 大跨径拱桥拱上建筑拆除施工应在有效的监控下进行。

7.2 圬工拱桥加固

7.2.1 拱腹增设钢筋混凝土拱圈(套拱)加固

1 凿除拱圈剥落、松散、风化表层。套拱施工前应对拱圈的其他缺陷,如砌缝砂浆脱落、裂缝、掉块、空洞等进行修补。

2 严格按照设计进行原拱腹及拱座植筋,套拱新增钢筋应与原拱圈连接牢固。植筋深度按设计确定。植筋与主筋焊接时,应在外露长度15d外施焊;采用搭接时搭接长度应满足《公路钢筋混凝土及预应力混凝土桥涵设计规范》(JTG D62—2004)要求。

3 浇筑套拱混凝土前应充分湿润原拱腹面。

4 应按设计程序浇筑混凝土,设计程序无明确规定时应按对称、均衡原则进行浇筑。

5 应采取有效措施保证新浇混凝土密实以及与原结构密贴。

7.2.2 拱背增大截面加固

1 对拆除拱上建筑后的拱背应进行清理,避免松散砂浆或破损砌体的存在。

2 对拱圈缺陷应进行修补。拱圈裂缝处理按照本规范第5章的规定执行。

3 应按照设计进行原拱背及拱座植筋,新拱圈新增钢筋应与原拱圈连接牢固。植筋要求按照本规范附录A相关规定执行。

4 浇筑混凝土前应充分湿润原拱背面。

5 应按设计程序浇筑混凝土,设计无规定时,宜由两拱脚向拱顶对称浇筑。对跨径或宽度较大的拱桥,必要时可沿横向由拱圈中线向两侧对称、分环浇筑。

6 应按设计要求恢复拱上建筑。

7 应采取有力措施加快施工进度,做好交通分流工作。

7.2.3 更换砌块

1 更换破损的砌块应逐个或小批量分次进行。修补用砌块强度指标不应低于原砌块。

2 修补砌块的材质、色泽与原拱应尽量统一。

3 清理破损的砌块后应及时进行修补,必要时应采用临时支撑。

4 新砌块就位后应用楔子固定,并用干硬性砂浆砌筑,砂浆强度等级应高于原砂浆一级。

7.3 钢筋混凝土拱桥加固

7.3.1 桁架拱、刚架拱等采用增大截面、粘贴钢板、粘贴纤维复合材料、体外预应力等方法加固时,施工技术要求应符合本规范第6章规定。双曲拱、箱板(肋)拱增大混凝土截面加固时,其施工技术要求应符合本规范7.2节规定。

7.3.2 增设拱肋加固

1 安装新拱肋时,应在原拱肋拱顶部位等处设临时横向联系,保证施工过程的横向稳定。

2 支架现浇拱肋时,主筋应埋入墩台帽内,埋入深度按受拉钢筋计算确定。预埋钢筋与主筋焊接时,应在外露长度15d外施焊;采用搭接时搭接长度应满足《公路钢筋混凝土及预应力混凝土桥涵设计规范》(JTG D62—2004)要求。

3 预制安装拱肋应在墩台帽凿出预留槽,深度与原拱肋预留槽一致。

7.3.3 横向连接加固

1 拱肋与横系梁或横隔板结合面应凿毛至露出粗骨料,凹凸差不小于6mm。

2 横系梁或横隔板底面钢筋应通长设置,其余横向主筋应与拱肋主筋可靠连接。

7.4 钢管混凝土拱桥加固

7.4.1 管内混凝土存在空洞时,通过钻孔浇筑聚合物混凝土进行处理。处理后应复原封口,打磨平整,并涂油漆,油漆颜色应与原涂料基本一致。

7.4.2 管内混凝土脱空时,应用无收缩灌浆料填充。

1 在管内脱空段按1m左右间距钻孔,孔径10mm,在孔中插入长约100mm钢管作注浆管,用环氧树脂封口固定。

2 注浆压力应控制在0.2~0.6 MPa之间,注浆应按自下而上顺序进行。

3 灌浆料固化3d后,应用超声波及人工敲击检测。脱空部分填充饱满后,应复原封口,打磨平整,并涂油漆。

7.4.3 增设构件加固时,加固构件与主拱圈应采用高强螺栓连接,当需要焊接时,应进行工艺试验,并应采取有效措施避免高温损伤混凝土。栓接和焊接施工应符合本规范第9章规定。

7.5 中、下承式拱桥加固

中、下承式拱桥拱肋加固应符合本规范第7.3、7.4节规定,吊杆、系杆更换应符合本规范第8.3、8.4节的规定。

7.6 质量检验与验收

加固混凝土、钢筋、模板、焊接等的质量要求应符合现行《公路桥涵施工技术规范》的相关规定。钢管拱内脱空灌浆的工艺要求应符合本规范第5章相关规定。

8 缆索承重桥梁的加固

8.1 一般要求

8.1.1 本章适用于斜拉桥斜拉索、悬索桥吊索(杆)、拱桥吊索(杆)及系杆更换;锚碇加固。

8.1.2 悬索桥加劲梁、索塔以及斜拉桥主梁、索塔加固执行本规范第4、第5、第6、第9章有关规定。

8.2 斜拉索更换

8.2.1 换索前应对桥梁进行详细检测,检测应包括下列内容:

1 索力变化及与设计值的偏差;

2 梁、塔的变位、内力变化及与设计值的偏差;

3 防护体系损坏程度,拉索及锚固系统锈蚀程度及具体部位、钢丝断裂状况、拉索的损坏程度;

4 锚固区附近以及全桥其他构件混凝土损坏情况;

5 测量桥面控制点高程随温度的变化情况,分析桥面高程随温度变化的规律。

8.2.2 换索施工应在索塔、主梁及锚碇缺陷修复、加固完成后进行。

8.2.3 换索施工应符合下列规定:

1 换索前,应检查新旧索工具锚口是否匹配。

2 对换索过程进行结构分析计算,确定合理换索顺序,控制结构内力在允许范围内。严格按设计或施工监控给定的换索顺序换索,并严格控制换索区内的荷载。

3 调整索力时,宜避开日照对结构的影响,并避开交通量高峰时段。

8.2.4 换索施工时应对桥上交通实行三限(限载、限量、限速),必要时应短暂中断交通。

8.2.5 换索期间严禁将多余的机具、设备、材料、杂物等堆放在换索区域内。

8.2.6 换索施工应严格执行设计规定的程序及工艺要求,对梁、塔的变形和相邻索索力变化应进行全面监测。

8.2.7 卸索时应严格控制索力,分级同步卸载,分级荷载级差按设计要求进行。

8.2.8 卸索时应记录锚具大螺母松开时的千斤顶油表读数,并进行两次放张,满足设计要求后方可卸索。

8.2.9 卸索过程中,应全过程跟踪观测梁顶高程的变化,并与理论监控计算值进行比较,如有异常,应立即停止卸索,待查明原因并处理后方可继续施工。

8.2.10 拉索张拉的顺序、级次和量值应按设计规定和监控要求执行。拉索张拉可于塔端或梁端单端进行。平行钢丝拉索应整体张拉。

8.2.11 拉索更换后,应立即在拉索钢套管处采取有效密封措施。拉索锚具在梁内及塔上的外露部分应予以防护。

8.2.12 换索过程监测应符合下列规定:

1 对影响范围内梁体的高程和索塔位移应进行四阶段桥面高程监测(梁体高程可采用桥面高程代表),分别为换索前、卸索、新索张拉、索力调整完毕。桥面高程监测可采用精密水准仪,为避免日照等对高程的影响,宜在夜间及温度趋于稳定时段进行观测。

2 必须跟踪测试被换拉索前后3~5组拉索索力,并与理论计算值进行比较。

3 换索过程中应监测主梁、索塔混凝土应变及裂缝变化情况。

4 换索工程竣工后,应对全桥拉索的索力及主梁高程进行测定,以检验换索效果,并作为验收的依据。

8.3 吊杆更换

8.3.1 吊杆运输、安装过程中,应有可靠的保护措施,防止碰伤锚具及PE索套,如有意外损伤应及时修补,并做好记录。

8.3.2 更换吊杆前应根据构造形式、施工设备等实际情况,设置工具吊杆。工具吊杆应进行设计计算,对工具吊杆施力时,应保证同步张拉,使吊杆受力平衡。

8.3.3 更换吊杆过程中,应连续监测桥面高程、吊杆内力及混凝土应力变化。新吊杆张拉应实行双控,以桥面高程控制为主,吊杆内力控制为辅。

8.3.4 对新换柔性索及刚性连接杆的尺寸、构造等根据现场情况应进行核对调整。当采用刚性连接杆时，应考虑吊杆长度、重量、索管长度的差别。

8.3.5 施工过程中新旧吊杆、工具吊杆之间的荷载转换应平稳。

8.4 系杆更换

8.4.1 系杆运输、安装过程中，应注意保护 PE 索套，如有意外损伤应及时修补。

8.4.2 对可更换系杆，拆除前应设置临时系杆，临时系杆应通过设计计算确定。旧系杆拆除、临时系杆及新系杆张拉应交叉分级进行。

8.4.3 对不可更换系杆，旧系杆拆除及新系杆张拉应交叉分级进行。转换过程中，系杆合力的位置应基本保持不变。

8.4.4 施工过程中，新旧系杆、临时系杆之间的荷载转换应平稳。

8.4.5 系杆张拉应在夜间气温稳定时段进行，并应临时中断交通。

8.4.6 施工过程中，应对拱圈应力、变形以及拱座变位进行监控。

8.5 悬索桥主缆维修

8.5.1 主缆修复前应对主缆以及吊杆进行全面检查，检查内容主要包括：

1 主缆索股的受力及松动情况；

2 主缆索夹位置及固定情况；

3 主缆缆套的外观情况；

4 吊杆的连接、外观以及受力情况。

8.5.2 主缆缆套损伤时，应采取同样的材料进行修补。

8.5.3 若主缆索股间受力有较大偏差时，可通过索端拉杆螺栓进行调整。

8.5.4 紧固同一索夹螺栓时应保证各螺栓受力均匀。

8.6 锚碇加固

8.6.1 未做衬砌的岩石锚室或锚洞表面风化或开裂时，应先将表面风化层及开裂部分凿除,然后用钢丝网水泥砂浆或结构胶黏剂处理。

8.6.2 锚洞外的压重体出现空洞、松散、龟裂等缺陷时,应及时修补,压量不足时应增加圬工以补足重量。采用圬工增加锚洞外压重时应做好新老压重体的联结,施工技术要求应符合现行《公路桥涵施工技术规范》相关规定。

8.6.3 加厚结构加固锚室时,应先处理裂缝及表面缺陷,然后进行锚室表面扩大截面施工。如有渗水,应先处理渗水,增加防水层。

8.7 质量检验与验收

8.7.1 锚碇施工质量检验,应按本规范第4章及第6章相关规定执行。

8.7.2 斜拉索更换质量检验

1 斜拉索更换质量检验实测项目应满足表8.7.2的要求

表8.7.2 斜拉索更换质量检验实测项目

项次	检查项目		规定值和允许偏差		检查方法和频率
1	索力(kN)	允许值	满足设计要求		测力仪:测每对索索力
		极值	符合设计规定,设计未规定时与设计值相差小于10%		
2	梁锚固点或梁顶高程(mm)		$L\leq$ 200m	±20	水准仪或全站仪:测量每个锚固点或每梁段中点
			$L>$200m	±L/10000	
3	锚具轴线与孔道轴线偏位(mm)		5		尺量:抽查25%

注:表中L为斜拉桥主跨跨径。

2 外观鉴定

1)斜拉索表面应密实光滑,无畸形,颜色一致。

2)斜拉索表面无碰伤或擦伤。

3)锚头无伤痕、锈蚀。

8.7.3 吊杆、系杆更换质量检验

1 吊杆更换质量检验实测项目应满足表8.7.3-1的要求。

2 柔性系杆更换质量检验实测项目应满足表8.7.3-2的要求。

3 外观鉴定

1)吊杆、系杆顺直,无扭转现象。

2)防护层完好,无破损、污物。

表 8.7.3-1　吊杆更换质量检验实测项目

项次	检查项目	规定值和允许偏差		检查方法和频率
1	吊杆长度(mm)	±0.001L 及 ±10		用钢尺量
2	吊杆拉力(kN)	符合设计要求		测力仪:每吊杆检查
3	吊点位置(mm)	10		全站仪:每吊点检查
4	吊点高程(mm)	高程	±10	水准仪:每吊点检查
		两侧高差	20	

注:表中 L 为吊杆长度。

表 8.7.3-2　柔性系杆更换质量检验实测项目表

项次	检 查 项 目	规定值或允许偏差	检查方法和频率
1	张拉应力(MPa)	符合设计规定	查油压表读数,每根检查
2	张拉伸长率(%)	符合设计规定	尺量,每根检查

8.7.4　主缆防护质量检验

主缆防护质量检验实测项目应满足表 8.7.4 的要求。

表 8.7.4　主缆防护质量检验实测项目

项次	检 查 项 目	规定值或允许偏差	检查方法和频率
1	缠丝间距(mm)	1	插板:每两索夹间随机量测 1m 长
2	缠丝张力(kN)	±0.3	标定检测:每盘抽查 1 处
3	防护涂层厚度(mm)	符合设计要求	测厚仪:每 200m 测 1 点

9 钢桥及钢—混组合结构桥梁加固

9.1 一般要求

9.1.1 钢桥加固的常用方法有增大截面法、更换构件法、改变体系加固法等。连接常采用栓接、焊接和黏结。

9.1.2 钢桥加固施工宜卸载进行。需要拆下构件或卸载时,必须确保安全,必要时增设临时支撑,待加固完毕后拆除。

9.1.3 恒载下加固钢桥,其加固工艺应减少被加固构件的截面因焊接加热、附加钻孔、扩孔等引起的削弱影响。

9.1.4 钢—混组合结构桥梁的加固,按其各部分材料采用不同的加固施工方法。

9.2 焊接加固

钢桥焊接加固除应遵守现行《公路桥涵施工技术规范》外,尚应符合下列规定:

9.2.1 焊接加固前,应先进行焊接工艺评定,编制焊接工艺指导书。

9.2.2 恒载下用焊接加固钢桥,应尽量避免采用长度垂直于受力方向的焊缝,否则应采取专门措施和施焊工艺,确保桥梁安全。

9.2.3 恒载下用增加非横向焊缝长度连接时,原有焊缝中的应力不得超过焊缝的强度设计值。

9.2.4 焊接环境温度不应低于5℃,如确需要在低于5℃的环境下施焊,应采用预热措施,预热温度80~100℃,预热范围为焊缝两侧宽500~800mm。

9.2.5 施焊前,零件、部件应经检查合格;连接接触面和焊缝边缘每边30~50mm范围内的铁锈、毛刺、污垢、冰雪等应清除干净,露出金属光泽。

9.2.6 施焊可采用埋弧自动焊或手工焊两种方法。手工焊采用的焊条直径不应大于4mm,焊接电流不应超过220A;每焊道的焊脚尺寸不应大于4mm,前一焊道温度冷却至100℃以下后,方可施焊下一道。长度小于200mm的焊缝增加长度时,首焊道应从原焊缝端点以外至少20mm处施焊。多层焊接宜连续施焊,应注意控制层间温度,每一层焊缝焊完后应及时清理检查,清除药皮、熔渣、溢流等缺陷后,再焊下一层。

9.3 栓接加固

钢桥栓接加固除应满足现行《公路桥涵施工技术规范》要求外,尚应符合下列规定:

9.3.1 高强螺栓的更换,对于大型节点,更换数量不宜超过10%;对于螺栓数量较少的节点,则要逐个更换,以防止节点滑动,如板面(摩擦面)不满足要求,应进行处理。

9.3.2 恒载下采用栓接加大截面加固构件,加固件与被加固件相互压紧后,应从加固件中间向端部逐次钻孔、安装,并拧紧螺栓,尽可能减少加固过程中截面的过大削弱。

9.4 更换(增加)构件

9.4.1 杆件损伤严重时应予以更换,当拆卸杆件进行更换时,应先消除杆件的恒载内力。可采取下列方法:

1 在梁下设临时支架,支撑节点进行卸载。

2 用临时杆件(工具杆件)或装置代替原杆件受力的方法卸载。如用带有调整螺栓的拉杆或高强度钢丝束,拉紧受压杆件;用千斤顶顶开受压杆件等。

9.4.2 纵梁与横梁联结角钢出现裂纹,当修补条件受限时,可采用更换厚角钢、增大螺栓直径等方法。

9.4.3 钢梁连接系杆交叉处、连接杆件与主梁或纵梁翼缘连接处铆钉不足,应增大节点板、增加螺栓进行加固。

9.5 改变结构体系加固

改变体系加固应按设计要求和现行《公路桥涵施工技术规范》执行。

9.6 裂纹的修复

9.6.1 钢桥构件上发现裂纹时,作为临时应急措施,可于板件裂纹端外(0.5~1.0)倍板厚处钻孔,防止其进一步扩展,并及时根据裂纹性质及扩展走向采取适当措施修复加固。

9.6.2 修复裂纹应优先采用焊接方法。

1 一般按以下顺序进行:

1)清洗裂纹两边80mm以上范围内板面油污至露出洁净金属面。

2)用碳弧气刨、风铲或砂轮将裂纹边缘加工出坡口,直达纹端钻孔,坡口形式应按设计要求及根据板厚和施工条件按现行《气焊、手工电弧焊及气体保护焊焊缝坡口的基本形式与尺寸》(GB 985)的要求选用。

3)将裂纹两侧及端部金属预热至100~150℃。

4)采用与钢材匹配的低氢焊条或超低氢焊条,以小直径焊条分段分层逆向施焊。

2 一般要求如下:

1)按设计要求检查焊缝质量。

2)堵焊后表面应磨光,使之与原构件表面齐平,磨削痕迹线应大体与裂纹切线方向垂直。

3)对主要承重构件或厚板构件,堵焊后应立即进行退火处理。

9.6.3 用附加盖板修补裂纹时,宜采用双层盖板,此时裂纹两端仍须钻孔。当盖板用焊接连接时,应设法将加固盖板压紧,其厚度与原板等厚。焊脚尺寸等于板厚;盖板尺寸和焊接要求应符合9.6.2条规定。当用高强螺栓连接时,宜采用小直径螺栓,在裂纹的每侧用双排螺栓,盖板宽度以能布置螺栓为宜,盖板长度每边应超出裂纹端150mm。

9.6.4 对网状、分叉裂纹和有破裂、过烧、烧穿等缺陷的梁、柱腹板、钢箱等,宜采用嵌板修补,修补顺序如下:

1 用矩形标出缺陷的区域,在缺陷区域每边向外扩展100mm画出带圆角的矩形进行切割。

2 用等厚度同材质的嵌板嵌入切除部位,嵌板长短边均应比切口小2~4mm,其边缘加工成对焊接缝要求的坡口形式。

3 嵌板定位后,将孔口四角区域预热至100~150℃,并由一侧长边中心开始,对称向两侧的顺序,采用分段分层逆向焊法施焊。

9.6.5 检查焊缝质量,若焊缝质量不合格,应刨去焊缝、清根,重新施焊。焊缝质量合格后,打磨焊缝余高,使之与原构件表面齐平。

9.7 钢桥的涂装

9.7.1 加固构件涂装标准应符合设计要求,若需变更应征得设计单位同意。面漆应尽量选用原型号产品,外观色泽应基本一致。

9.7.2 加固部件采用现场涂装时,应将相近加工区的受损旧涂装全部清除,并且每边扩大范围不少于50mm。

9.7.3 加固构件一般应采用厂内涂装。运输、安装过程中应采取保护措施,防止涂装损坏。若发生损坏,应在现场涂装时进行修补。

9.7.4 若加固范围较大,可将加固构件的涂装与全桥更换涂装一并进行。

9.8 质量检验与验收

焊接、栓接的质量检验及更换(增加)构件的尺寸允许偏差应符合现行《公路桥涵施工技术规范》的相关规定。涂装的质量检验应符合现行有关标准、规范的规定。

10 桥梁基础及下部结构加固

10.1 盖梁及墩柱加固

10.1.1 本节适用于钢筋混凝土盖梁及墩柱的加固施工。

10.1.2 盖梁加固按本规范第6章相关规定执行。用钢筋混凝土接长或加宽盖梁除应满足本规范第6章的相关规定外,还应满足下列要求:

1 接长盖梁时应凿除连接部位的混凝土保护层,露出钢筋,新接长的钢筋应与原主筋焊接。

2 新旧混凝土连接表面应粗糙,宜做剪力槽。加宽盖梁应植筋。

10.1.3 外包钢加固墩柱应符合下列规定:

1 采用注浆法外包钢加固时,构件表面应打磨粗糙、无油污。注浆压力不应低于0.1MPa。灌浆后严禁再对型钢进行锤击、焊接。

2 采用干式外包型钢加固时,型钢与构件之间应用水泥砂浆填实。施焊钢板(缀条)时,应用夹具夹紧型钢。用螺栓套箍时,拧紧螺帽后可将螺母与垫板点焊。

3 钢板应进行防锈涂装。

10.2 墩、台身套箍加固

10.2.1 混凝土套箍施工应符合以下规定:

1 墩台身裂缝应压浆封闭处理,其缺陷部分应先凿除并清理干净。

2 应将墩台身表面凿毛,凹凸差不宜小于6mm,清除松散颗粒,浇注混凝土前,用水洗净凿毛的连接表面,并使其充分湿润。

10.2.2 钢套箍施工应按第10.1.3条相关规定执行。

10.3 桥台加固

10.3.1 浆砌片石桥台采用注浆加固的施工技术要求应符合第10.7.1条有关规定。

10.3.2 侧墙及台身前缘采用现浇钢筋混凝土补强，在原石砌台身内植入连接钢筋。施工技术要求应符合本规范第6章相关规定。

10.3.3 基础因不均匀沉降产生裂缝，应先加固地基基础，再封闭裂缝，必要时根据设计要求加固上、下部结构。

10.3.4 台后填土不密实时，可采用换填、注浆等方法进行处理。换填施工应重做台后防排水系统。其施工技术要求应符合现行《公路桥涵施工技术规范》的相关规定。

10.3.5 桥台加固时应观测台身的稳定性，必要时增加临时支撑防止滑移或倾覆。

10.4 增大基础加固

10.4.1 基坑应严格按设计要求开挖，不得超深、超宽，避免基坑坍塌。

10.4.2 应采取措施保护原基础，使其不受基坑开挖、抽排水的影响。

10.4.3 基坑开挖至设计高程后，应检测基底承载力，如达不到设计要求时，应对地基进行加固处理。

10.4.4 增大基础时，应将原基础存在的缺陷清理至密实部位，将结合面凿毛，按设计要求植筋，并与新增的钢筋骨架连成整体，确保新旧混凝土结合牢固。

10.5 承台加固

10.5.1 水中承台的加固方案应综合考虑河宽、桥下净空、原桥永久性结构物、航道等因素，确保技术的可行性及施工的安全性。宜采用围堰施工。

10.5.2 地面承台加固开挖时应严格控制开挖范围，确保周围土体的稳定。

10.5.3 结构水下部分加固施工应符合下列规定：

1 加固材料宜采用水下环氧砂浆、水下不离析混凝土以及其他水下混凝土。

2 加固前应对原结构结合面进行清理。

3 加固宜采用立模灌浆法。

10.5.4 承台增大截面施工应符合下列规定：

1 应先处理原承台存在的缺陷。

2 混凝土表面凿毛处理后,应冲洗干净,浇注混凝土前应保持湿润清洁。

3 对原有钢筋应进行除锈处理,并应逐根分区分层进行焊接。

10.6 桩基加固

10.6.1 增补桩基(灌注桩、静压桩)施工应考虑新增桩基施工过程中对原桩基的影响。

10.6.2 增补灌注桩施工应符合下列规定:

1 灌注桩成孔方法的选择应综合考虑原桩基深度、地基类型、原桥结构高度等因素,减少施工对原结构的破坏。

2 在清孔排渣时,必须保持孔内水头高度,防止坍孔。

3 施工过程中应对原桥的沉降、位移进行观测。

4 灌注桩施工应按现行《公路桥涵施工技术规范》相关规定执行。

10.6.3 增补静压桩施工应符合下列规定:

1 压桩架应保持竖直,锚固螺栓的紧固应均衡,并应一直保持紧固状态。

2 就位的桩节应保持竖直,使千斤顶、桩节及压桩孔轴线重合,不得偏心加压。

3 整根桩应一次连续压到设计高程,当中途必须停止时,桩端应停留在软弱土层中,且停压的时间间隔不宜超过24h。

4 同一基础压桩施工应对称进行,不应数台压桩机在一个独立基础上同时加压。

5 压桩应以压力控制为主,桩长控制为辅。压桩达到设计荷载后应持压稳定30min。

10.7 人工地基加固

10.7.1 注浆加固施工应符合下列规定:

1 施工时应对原桥梁及其邻近建筑物、地下管线和地面的沉降、倾斜、位移和裂缝进行监测。并应采取多孔间隔注浆和缩短浆液凝固时间等措施,减少原桥梁基础因注浆而产生的附加沉降。

2 浆体应充分搅拌均匀后才能开始压注,并应在注浆过程中缓慢连续搅拌,搅拌时间应小于浆液初凝时间。浆液在泵送前应经过筛网过滤。

3 日平均温度低于5℃或最低温度低于-3℃的条件下注浆时,应在施工现场采取保温措施,防止浆液冻结。

4 对渗透系数相同的土层,首先应注浆封顶,然后由下向上进行注浆,防止浆液上冒。土层的渗透系数随深度而增大时,自下向上注浆。对互层地层,首先应对渗透性或孔隙率大的地层进行注浆。

5 对桥梁的沉降、开裂等进行检测。

10.7.2 旋喷桩加固施工应符合下列规定：

1 在制定旋喷施工方案时，应搜集相关工程地质、临近建筑物、地下埋设物等资料。旋喷方案确定后应结合工程情况进行现场试验，根据工程经验确定施工工艺参数。

2 旋喷桩施工前应检查高压设备和管路系统，其压力和流量必须满足设计要求。注浆管及喷嘴内不得有杂物，注浆管接头的密封圈应良好。

3 垂直施工时，钻孔的倾斜度不应大于1.5%。

4 旋喷时，应做好压力、流量和喷浆量的量测工作，并按要求逐项记录。

5 钻杆的旋转和提升应连续，不得中断。

6 拆卸钻杆继续旋喷时，应保持钻杆有0.1m的搭接长度，不得使旋喷固结体脱节。

7 应采用速凝浆液或跳孔喷射和冒浆回灌等措施，以防喷射过程中地基产生附加变形和地基与基础间出现脱空现象。同时，应对桥梁进行变位监测。

8 对桥梁的沉降、开裂等进行检测。

10.8 基础冲刷加固

10.8.1 抛石防护。一般用于深水墩台，施工前时应测量水流流速、流向，以确定抛石的位置。石笼用铅丝、型钢或钢筋相互连接。抛石结束后，应按设计要求进行理坡。

10.8.2 板桩防护。板桩顶面高程不应高于河床。

10.8.3 采用双层或单层块（片）石做平面防护时，当河床面有淤泥杂物时，应清除淤泥回填砂砾，夯实后再砌石。

10.8.4 护坦加固。排干冲坑积水，清理坑内杂物，用圬工砌体或混凝土充填，其表面铺钢筋网、浇注混凝土护坦，其施工技术要求应符合现行《公路桥涵施工技术规范》相关规定。

10.9 质量检验与验收

10.9.1 外包钢加固质量检验

以目测和锤击检查为主，重点检查结合面处理、预埋件、锚固等。要求对外包钢材的粘贴性能进行试验，检测方法应符合本规范第6章的相关规定。

10.9.2 承台加固质量检验

1 水下修补工程可由潜水员或水下电视检验。

2 修补质量可采用钻芯取样、超声波检测等方法进行检验。

10.9.3 桩基加固质量检验

1 钻孔灌注桩的质量检验,按现行《公路桥涵施工技术规范》相关规定执行。

2 静压桩的质量检验,应符合以下规定:

1)最终压桩力或压入深度应满足设计要求。

2)桩身试块强度和封桩混凝土强度应满足设计要求,性能应符合现行《地基与基础工程施工及验收规范》(GBJ 202)的相关规定。

3)桩位平面偏差不得超过±20mm,桩节垂直度偏差不得大于1%的桩节长。

10.9.4 套箍加固质量检验

1 结构尺寸应满足设计要求。

2 宽度和厚度应均匀,混凝土表面平整、密实。

3 加固质量检验实测项目应满足表10.9.4的要求。

表10.9.4 套箍加固质量检验实测项目

项次	检 查 项 目	规定值或允许偏差	检查方法和频率
1	套箍位置(mm)	±20	水准仪测,一周8~10点
2	套箍宽度(mm)	≥设计值	尺量,一周至少10点
3	套箍厚度(mm)	≥设计值	尺量,一周至少10点
4	预埋锚筋位置(mm)	±20	尺量,抽检20%

10.9.5 注浆质量检验应符合下列规定:

1 注浆检验时间应在注浆结束28d后进行。可选用标准贯入、轻型动力触探或静力触探对加固地层进行检测。对重要工程可采用荷载试验检验。

2 注浆检验点为注浆孔数的2%~5%。当检验点合格率小于或等于80%,或虽大于80%但检验点的平均值达不到强度或防渗的设计要求时,为不合格注浆区。

10.9.6 旋喷桩质量检验应符合下列规定:

1 旋喷桩可采用开挖检查、取芯、标准贯入试验、荷载试验等方法进行检验,并结合工程测试、观测资料及实际效果综合评价加固效果。

2 检验点应布置在下列部位:1)有代表性的桩位;2)施工中出现异常情况的部位;3)地基情况复杂,可能对旋喷桩质量产生影响的部位。

3 检验点的数量为施工孔数的1%,并不少于3点。

4 质量检验宜在注浆结束28d后进行。

5 荷载试验必须在成桩28d后桩身强度满足试验条件时进行,检验数量为桩总数的0.5%~1%,且每项单体工程不应少于3点。

11 桥梁抗震及防碰撞加固

11.1 一般要求

11.1.1 抗震加固包括震前预加固及震后修复。

11.1.2 桥梁抗震预加固措施主要有：

1 提高结构物承载能力、构件延性；

2 防止落梁；

3 防止地基土液化、流动；

4 将普通支座更换为减（隔）震支座。

根据被加固桥梁的实际情况，可采取一种或同时采用多种抗震加固措施。

11.1.3 进行抗震加固时应做好原桥交通的维持和疏导工作，保障交通和施工安全。

11.1.4 对重要桥梁应做好地震灾害应急预案，以便震后尽快恢复交通和迅速实施抢修，减少震害损失。

11.2 桥梁结构加固

11.2.1 为满足承受地震荷载作用，对桥梁结构进行加固的主要方法有：粘贴钢板或纤维复合材料加强构件，用钢筋混凝土或钢材加大构件截面，施加体外预应力加强构件，增加杆件改变结构受力状态，加强桥面铺装、横向联系以增加结构整体性，更换轻质桥面系以减轻恒载等措施。增加构件延性的加固方法主要有加钢板套箍、粘贴纤维复合材料环向围束、增加柱式墩的横系梁等。

11.2.2 上部结构的加固施工技术要求应符合第6章至第9章相关规定。

11.2.3 下部结构的加固施工技术要求应符合第10章相关规定。

11.3 桥梁复位

11.3.1 在进行地震引起梁、板偏离原位置的修复时，应先将梁板顶起，搁置于带滑板的滑道上,用千斤顶施力进行复位。经测量确认位置正确后,落梁就位。就位前应对支座进行修理和调整位置。

11.3.2 顶升工序及技术要求应符合本规范12.1.4的规定。

11.3.3 在桥梁墩、台帽设置的滑道,应能承受竖向力和水平力,支架顶面设置滑动装置,一般采用滑板或滚筒。若设置滚筒,其滚动方向和梁板复位方向一致。

11.3.4 在桥梁墩、台帽上设置水平千斤顶的反力架。其结构强度、刚度及与墩台帽的锚固应进行验算。

11.3.5 各水平千斤顶应按设计要求同步工作。

11.3.6 用水平千斤顶进行梁板复位时,其分级控制和相关技术要求应符合本规范第12章相关规定。

11.3.7 用测量仪器观测梁板的位置,在平面位置就位后,锁闭水平千斤顶,并采取措施稳定梁体。

11.3.8 启动竖向千斤顶顶梁,使梁板脱离滑道后,撤除水平千斤顶,然后逐级拆除滑道,竖向千斤顶回油落梁。

11.3.9 在梁板顶起后对已破坏的支座进行修理或更换,或对错位的支座进行复位。

11.3.10 检查支座、梁板位置,确认正确无误后落梁就位。支座安装技术要求应符合本规范第12章相关规定。

11.4 防止落梁装置

11.4.1 防止落梁装置的主要类型。

1 增设钢筋混凝土挡块。

2 采用拉杆连接相邻孔主梁,主梁与墩、台帽;

3 增设钢挡板支架(限位器、挡块);

4 加大桥梁墩台帽宽度。

11.4.2 增设钢筋混凝土挡块。

1 挡块放样一般采用直接丈量的方法。应以支座、梁(板)的实际位置为基准,保证挡块与支座、梁(板)之间的间隙及几何尺寸均满足设计要求,并使各挡块外缘排列基本整齐。

2 清除混凝土表面并植锚筋,其施工技术要求应符合本规范6.2.1及6.3.3条规定。

3 浇筑钢筋混凝土挡块,有关要求应符合现行《公路桥涵施工技术规范》相关规定。

4 将钢筋混凝土挡块与缓冲材料的接触面整平、清洁,加装缓冲材料并固定。如设计为胶结,应按设计的胶结工艺操作。

11.4.3 连接相邻孔主梁或主梁与墩、台帽的拉杆分为柔性拉杆和刚性拉杆,分别采用钢索和钢板。

1 钻锚栓孔。锚栓孔的位置应与原结构的钢筋错开,深度和直径应满足设计要求。

2 锚栓、钢索、钢板、锚固架的加工和进场检查。

1)锚栓应符合产品质量标准。钢索一般为预应力钢索。钢索、钢板、固定钢索(钢板)的锚固架可以在工厂或现场加工,其材质、尺寸应满足设计要求。锚固架应具有可靠的锚固性能。

钢索的加工包括放样、下料、制作锚头等工序,施工应符合现行《公路桥涵施工技术规范》的相关规定并满足设计要求。由于连接钢索很短,下料和制作锚头时要注意扎好索端头,防止散索。

钢板及锚固架的加工包括放样、下料、刨边、钻孔、焊接等工序,施工应符合现行《公路桥涵施工技术规范》的相关规定并满足设计要求。

采用防落梁装置成品,应满足设计和相关的技术标准和产品质量要求。

2)锚栓、钢索、钢板和锚固架进场时,除应按设计要求、产品合格证书核查类别、规格、型号、数量外,还应按下列规定进行验收。

①外观检查:应从每批中抽取10%且不少于10套,检查外观和尺寸。如果有一套表面有裂纹或超过产品标准及设计图纸规定尺寸的允许偏差,则另取双倍数量的产品重新检查,如果有一套不符合要求,则应逐套检查。批量小于10套件宜逐套检查。合格者方可使用。

②锚栓、锚固架以同种材料和同一生产工艺条件下500套(件)为一个验收批;应进行静载锚固性能试验。静载锚固试验可由加工制造厂提供试验报告。

当质量证明书不齐全、不正确或有质量疑点时,经外观检查合格后,应从同批中抽取三组进行静载锚固性能试验。如有一个试件不符合要求,应另取双倍数量重做试验,如仍有一个试件不符合要求,则该批产品为不合格品。

3 植锚栓

安装前应对锚栓除锈和矫直,植锚筋的施工技术要求应符合本规范附录A规定。在胶液固化前,应对锚栓的位置、垂直度进行校正。对溢出孔外的胶液及时清除,以便于锚固架安装。

4 安装锚固架

安装锚固架处的构件表面应清理修整平顺,在锚栓的黏结胶完全固化,且经检测抗拔力满足设计要求后安装锚固架。安装锚固架位置应准确,表面贴紧,用普通螺栓或高强螺栓将锚固架固定。用高强螺栓连接时应符合现行《公路桥涵施工技术规范》相关规定。

5　穿拉杆并锚固

对于柔性拉杆,将事先准备好的钢索,穿入锚固架索孔,将钢索拉伸至设计长度(或设计张力)并进行锚固;对于刚性拉杆,钢板与锚固架之间用高强螺栓连接。先将固定端、活动端螺杆穿入螺孔和滑槽稍加紧固,调整好钢板位置,在活动端螺杆周围填充弹性材料,然后拧紧螺栓。高强螺栓的预拉力应满足表 11.4.3 要求。

表 11.4.3　高强螺栓的预拉力(kN)

螺纹规格	M22	M24	M27	M30
设计预拉力	190	225	270	355
施加预拉力	210	250	300	390

6　表面涂装

安装好的锚栓、钢索、钢板、锚固架外露部分应进行表面涂装以防止锈蚀,其施工技术要求应符合本规范第 9 章相关规定。锚固架与原结构表面接触处宜用硅胶类树脂进行封闭,以防止雨水浸入缝隙。

11.4.4　增设钢挡板支架

1　钢挡板支架一般作为上部结构的限位装置或防落梁挡块,钢挡板支架的施工工艺要求同本章第 11.4.3 条第 4 款。可先植锚栓,在准确丈量锚栓位置后,依其位置放样加工支架底板锚孔。

2　加装缓冲材料,将钢挡板支架挡板与缓冲材料的接触面整平清洁,加装缓冲材料并固定。如设计为胶结,应按设计的胶结工艺操作。

11.4.5　加宽桥梁墩台帽。用钢筋混凝土加宽墩、台帽的施工工序及技术要求应符合本规范第 10 章相关规定。

11.5　防止地基土液化、流动的措施

11.5.1　防止地基液化的加固方法

1　在基础周围增加封闭的地下连续护壁。地下连续护壁可由钢板桩、混凝土地下连续墙或加固土构成。

钢板桩、混凝土地下连续墙的施工技术要求应符合现行《公路桥涵施工技术规范》相关规定。加固土的施工技术要求应符合本规范第 10.7 节规定。

2　固化地基。从承台底面到持力层用高压旋喷桩等对地基进行加固。

施工技术要求应符合本规范第 10 章相关规定。

3　增加桩基。增加桩基应穿过可能液化土层,施工技术要求应符合本规范第 10 章

相关规定。

11.5.2 防止地基土流动的措施

当地基土液化并有土压力偏载作用时,可能发生地基土流动。在处理液化的同时,还应采取防止流动的措施。

1 在可能产生流动的地基土的附近,采用插打钢板桩,或作混凝土地下连续墙等方法,抑制地基变形,承受流动力作用。其施工技术要求应符合现行《公路桥涵施工技术规范》相关规定。

2 在流动方向侧上方,用轻质土等轻质材料置换,形成缓冲区,以减轻作用于基础上的流动力,其施工技术要求应符合本规范第10章相关规定。

11.6 更换减(隔)震支座

11.6.1 减(隔)震支座的更换应符合现行《公路桥梁抗震设计细则》(JTG/T B02-01—2008)的相关规定。

11.6.2 铅销橡胶减(隔)震支座应满足该产品经过认证的技术要求。其成品力学性能检测应按照现行《公路桥梁板式橡胶支座成品力学性能检验规则》(JT 3132.3)执行;技术要求、试验方法、检测规则以及标志、包装、储存、运输要求按现行《公路桥梁板式橡胶支座》(JT/T 4)相关规定执行。

11.6.3 摩擦摆式减(隔)震支座应满足该产品经过认证的技术要求,并执行国家标准及行业标准的相关规定。

11.6.4 支座成品进场时应核查产品质量合格证明文件(每件产品提供一份)、成品力学性能检验报告、安装使用注意事项及说明书(每批产品提供一份)。必要时应对成品进行核查检验和试验。

11.6.5 更换减(隔)震支座施工技术要求应符合本规范第12章相关规定。

11.7 桥梁防碰撞加固

11.7.1 防碰撞加固包括碰撞前预加固及碰撞后修复。

11.7.2 在通航或漂浮物较大的河道,预防对桥墩碰撞的加固措施有:

1 在实体桥墩的迎水面外包钢筋混凝土或钢板。

2 在桥墩的迎水面增建防撞棱体。

3 在桥墩周围增设防撞围堰或筑岛。

4　在桥墩周围放置铅丝石笼等柔性防护体。

其施工技术要求应符合本规范第10章及现行《公路桥涵施工技术规范》相关规定。

11.7.3　被碰撞桥梁的修复。

在桥梁经受车辆、船只、漂浮物等碰撞后,应按照现行《公路桥涵养护规范》(JTG H11)的要求进行特殊检查,并按设计要求进行修复。

1　表面损伤修复施工技术要求应符合本规范第4章相关规定。

2　结构加固施工技术要求应符合本规范相关规定。

3　若桥梁发生倾斜偏位,经检查结构无损伤时,可采用施加外力的方法及迫降纠倾方法纠倾。施加外力可采用千斤顶或卷扬机。适合于桥梁纠倾的迫降纠倾方法有基底掏土纠倾法、堆载或卸载纠倾法等。

1)施加横向力纠倾法。在需纠倾结构附近适当位置,设置锚碇、锚桩、反力梁等支承结构。支承千斤顶或卷扬机对结构施加作用力使其复位。

锚碇、锚桩、反力梁的结构、构造,千斤顶或卷扬机的位置、固定方式,纠倾结构的着力位置、施加力的大小、分级速率,地基处理等应根据结构物及地基情况、纠倾量等进行设计。必要时可对结构进行临时加固。

锚碇、锚桩、反力梁的施工技术要求应符合现行《公路桥涵施工技术规范》相关规定。

2)基底掏土纠倾法适用于匀质黏性土和砂土上浅埋基础的纠倾,分为人工掏土和水冲掏土法两种。掏土沟槽的间隔、深度、宽度按设计确定。

水冲压力宜控制在1.0～3.0MPa之间,流量宜取40L/min,可根据土质条件通过现场试验确定。依据上述要求,选用适当规格的水泵。

水冲过程中掏土槽应逐渐加深,应控制超宽,一旦超宽应立即采用砾砂、细石、卵石等回填,确保安全。

3)堆载或卸载纠倾法适用于软弱地基纠倾量不大的浅埋基础纠倾。本法可与其他纠倾方法联合使用。

堆载、卸载的荷载量、分级速率、分布位置应依据地基附加压力、土质情况、工程规模等按设计确定。同时还应有卸载取土后保持取土坑或边坡稳定的措施。

4)施加外力、迫降纠倾都是一种动态信息化施工方法。除按设计的方法及工序施工外,必须对位移、倾斜度、结构受力状态(如应力应变、土压力、裂缝变化)进行现场监测、实时分析,通过监测反馈信息,及时调整迫降量及作业程序。

11.7.4　进行防碰撞加固施工时,对于立交桥应组织好原桥及桥孔通道的车辆交通;对于通航桥梁除组织好车辆通行外,还应保证船只或漂浮物顺利通过,应与河道管理部门协商,增加航道管制的航标、航道灯,做好航运管理。

11.7.5　对碰撞事故原因进行分析,若是交通标志不齐或设置不当,应有针对性地采取增设或调整限高标志或航道灯等交通工程措施;若是桥下净空不足,应采取降低被交道路面高程或升高桥梁的工程措施，补足桥下净空。一时无法解决时，应安排分流线路，并在进入立交桥前方设置强制性限高门架及指路标志。

降低被交道路面高程的施工技术要求，应符合相关路面施工技术规范要求，升高桥梁的施工技术要求应符合本规范第6章～第12章相关规定。

11.8 质量检验与验收

11.8.1 桥梁结构加固的质量标准

1）用钢筋混凝土、混凝土、体外预应力加固时，按其所用材料及工程项目，分别按现行《公路桥涵施工技术规范》相关规定执行。

2）粘贴钢板、纤维复合材料加固的质量标准应符合本规范第6章相关规定。

11.8.2 防落梁装置的质量验收实测项目

1）钢筋混凝土挡块、钢挡板支架允许偏差应满足表11.8.2-1要求。

表11.8.2-1 钢筋混凝土挡块、钢挡板支架的实测项目

检查项目	合格标准	检查方法与频率
与梁边缘间距（mm）	±10	钢尺丈量，每边两点
挡块支架的尺寸（mm）	±5	钢尺丈量，角点

2）用拉杆连接相邻孔主梁及主梁与墩、台帽的质量验收实测项目应满足表11.8.2-2要求。

表11.8.2-2 防落梁装置的实测项目

检查项目		合格标准	检查方法与频率
锚栓	长度和埋深（mm）	满足设计要求，埋深误差<5	钢尺丈量，10%
	抗拔力	满足设计要求	—
	中心位置（mm）	±2，0	钢尺丈量，10%
	垂直度	2°	拉线丈量，10%
连接器	材料及尺寸	满足设计要求及产品检验	—
	安装位置（mm）	±10	钢尺丈量，10%
钢索	材料及裁切长度（mm）	满足产品检验及设计要求 裁切长度误差0～+50	—
	安装位置	索和连接器穿孔轴线偏位<5°	拉线丈量，全部
	钢索预张力	满足设计要求	—
钢板	材料及裁切长度（mm）	满足设计要求，裁切长度误差<5	
	滑槽尺寸位置（mm）	±5	钢尺丈量，10%
	安装位置（mm）	±10	钢尺丈量，10%

注：当构件数少于20件时，检测频率可适当加大，每一个伸缩缝处设置的防落梁装置至少测两套。

12　支座和伸缩装置更换

12.1　支座更换

12.1.1　一般规定

1　更换支座施工应符合现行《公路桥涵施工技术规范》的相关规定。新支座的构造应符合设计要求及相关行业规定。

2　整体更换支座施工方案,应通过计算,确定更换支座的批次,顶、落梁的位移量及工序。

3　顶升梁体的临时支架应满足强度、刚度及稳定性要求。

4　梁的顶升和落梁应按设计要求进行。宜临时封闭交通。

5　支座更换时应依据环境温度进行支座偏移量的验算,并宜选择在有利的温度条件下施工。

6　测量原支座和新支座的高度差,调整施工确保梁体、桥面高程符合加固设计要求。

12.1.2　简易支座及橡胶支座的更换

1　简易支座更换

更换支座时,应将梁板顶升脱离墩、台帽并临时支撑。清除破损支座垫片,换成新橡胶支座。当简易支座处出现主梁端部和墩台混凝土裂缝时,应按本规范相关章节的规定处理,宜在支座部位的梁端和墩台顶面布设钢筋网加强。

2　板式橡胶支座的更换

1)检查、处理原支座垫石的缺陷,使结构完好,顶面高程及平整度符合设计要求。

2)按设计要求放置橡胶支座,支座中心线应与支承垫石中心线重合。

3)弯、坡、斜桥的支座垫石高程应按桥梁纵横坡要求逐个进行核算。

3　盆式橡胶支座的更换

1)支座组装时其底面与顶面的钢垫板应埋置密实。垫板与支座间平整密贴,支座四周不得有0.3mm以上的缝隙。活动支座的四氟板和不锈钢板不得有刮痕、撞伤。氯丁橡胶板块密封在钢盆内,应排除空气、保持紧密。

2)活动支座更换安装前,清洗滑移面,在储油槽内注满清洁的硅脂类润滑剂。

3)盆式橡胶支座的顶板和底板可用焊接或锚固螺栓栓接在梁体底面和墩台顶面的预埋钢板上;采用焊接时,应防止烧坏混凝土;安装锚固螺栓时,其外露螺杆的高度不应大于螺母的厚度。

4)按考虑预偏量的位置安装支座。

5)盆式橡胶支座更换工序及要求:

①顶升梁体,拆除旧支座并清理支座垫石、梁底钢板。

②核对支座位置并放样。

③若更换或加大原支承垫石,其施工技术要求应符合设计规定。

④安装盆式橡胶支座。下支座板四角用钢楔块调整,使支座水平。

⑤在支座底面环氧砂浆或无收缩砂浆硬化后,拆除支座四角临时钢楔块,并用砂浆填塞。

⑥拆除上下支座连接板后,检查支座外观并且及时安装支座防尘围板。

12.1.3 钢筋混凝土摆柱式支座的更换

钢筋混凝土摆柱式支座,现已不再使用,宜用橡胶支座等来替换,由于两种支座的高度不一,与梁、墩(台)的连接方式不同,更换时应重做支承垫石及梁底垫板,其施工技术要求应符合现行《公路桥涵施工技术规范》相关规定。

12.1.4 顶升梁体

1 顶升准备

1)顶升前应对桥梁基础、墩台、主梁、桥面系和附属工程的技术状况逐一进行检查。

2)对基础、墩台及上部承重结构的缺陷应先行处治。

3)按设计要求解除相关的纵向连接。

4)按照不同支座的类型,制定不同的更换顶升方案。

2 顶升梁体

1)搭设临时支架、反力架、工作平台。

①临时支架、反力架、工作平台应有足够的强度、刚度和稳定性。

②在主梁顶升时,应用垫板扩大千斤顶与主梁的接触面,要求密合、平稳,不损伤梁体。调整高度应采用厚度不同的小钢板。

③施工平台应有足够的操作空间,与梁底保持1.6~1.7m的距离。

2)检查、校正顶升设备并就位。

3)试顶加载。顶升装置验收合格后进行试顶加载,顶至主梁脱空2~5mm时停止,停放5~10min进行观察,无任何异常后方可开始整体顶升。

4)同步顶升。千斤顶必须按设计的行程同步顶升,应控制起梁速度在1mm/min左右,同时观测梁体起顶高度和千斤顶的起顶力,施行双控。

5)支承梁体。顶升到设计高度后,应垫实主梁,保证平稳可靠,回落千斤顶使梁板支承于支架上。

3 更换支座

在顶升梁体的同时,修整或更换支承垫石、梁底钢板和支座。

4 落梁

支座更换完成后,千斤顶顶起主梁,逐步撤除钢垫板,同步缓慢回落梁板至更换好的支座,详细检查垫石及支座,确认压紧密贴、位置正确后,撤除顶升系统。

12.2 伸缩装置更换

12.2.1 一般规定

1 新伸缩装置应符合现行《公路桥梁伸缩装置》(JT/T 327)的相关规定。伸缩装置的构造和材料应满足设计要求。更换各种伸缩装置时,应通过计算校核定位值。

2 更换伸缩装置时,应根据施工环境温度确定新伸缩装置开口量。

3 更换前应认真做好伸缩装置的清理工作。

4 若采用半幅施工,应确保新伸缩装置横向连接平顺、可靠。

5 伸缩缝两侧槽口尺寸应满足新伸缩装置的安装连接要求。桥面板(梁)上锚固预埋件有缺损时,应补植连接锚筋;采用焊接时,应保证连接筋与锚筋的有效搭接长度,严禁点焊连接。

6 在浇注槽口混凝土前,应封闭开口,以避免混凝土流入伸缩缝构件内。

12.2.2 嵌固对接式伸缩装置更换

清除已破损对接型伸缩装置橡胶条,按设计要求选材重新填塞。若钢构件或锚固部件破损,应进行修理、更换。

12.2.3 钢制支承式伸缩装置更换

1 对有损伤的钢板应予以清除并更换新钢板,其规格型号应满足设计要求。锚固筋有损坏的应加接,如损坏严重无法加接时,应补植锚固筋。

2 防水系统有破损时,应拆除梳形钢板伸缩装置进行修补。

3 梳形伸缩装置更换的间隙,应按更换安装时的梁体温度确定。

4 连接螺栓损坏时,应更换同型号的螺栓。

12.2.4 板式橡胶伸缩装置更换

板式橡胶支座现已不再使用,应以嵌固对接式等新的支座装置来替换。

12.2.5 模数式伸缩装置更换

1 伸缩装置应在工厂进行组装。组装钢构件应进行防锈蚀处理,吊装位置应用明显颜色标示,出厂时应附带有效的产品质量合格证明文件。

2 伸缩装置运输中应避免阳光直接暴晒、雨淋、雪浸,保持清洁,防止变形。

3 清除原有损坏的伸缩装置时,避免损坏桥面结构及锚固筋。

4 伸缩装置更换应符合下列规定:

1)应按照设计核对预留槽口尺寸。预埋锚固筋有损坏或不满足设计要求应补植锚固筋。

2)伸缩装置安装前,应按照安装时气温,调整安装开口量,用专用卡具固定。

3)浇筑槽口混凝土前应凿毛旧混凝土面并清洗,还可使用界面剂加强新旧混凝土黏结。应将间隙填塞,防止混凝土渗入位移控制箱及橡胶带槽缝。如有渗入应及时清理干净。

12.3 质量检验与验收

12.3.1 支座安装

1 基本要求

1)支座的材料、质量和规格必须满足设计和有关规范的要求,经验收合格后方可安装。

2)支座底板调平砂浆性能应符合设计要求,灌注密实,不得留有空洞。

3)支座上下各部件纵轴线必须对正。当安装时温度与设计要求不同时,应通过计算设置支座顺桥向预偏量。

4)支座不得发生偏斜、不均匀受力和脱空现象。滑动面上的四氟滑板和不锈钢板不得有划痕、碰伤等,位置正确,安装前必须涂上硅脂油。

2 更换支座的位置偏差应满足表12.3.1要求

表12.3.1 支座安装实测项目

项次	检查项目	规定值或允许偏差	检查方法和频率	
1	支座中心横桥向偏位(mm)	±2	经纬仪、钢尺:每支座	
2	支座顺桥向偏位(mm)	±10	经纬仪或拉线检查:每支座	
3	支座高程(mm)	符合设计规定; 设计未规定时,±5	水准仪:每支座	
4	支座四角高差 (mm)	承压力≤500kN	±1	水准仪:每支座
		承压力>500kN	±2	

3 外观鉴定

支座表面应保持清洁,支座附近的杂物及灰尘应清除。

12.3.2 伸缩缝安装

1 基本要求

1)伸缩缝必须满足设计和有关技术规范的要求,须有合格证,并经验收合格后方可安装。

2)伸缩缝必须锚固牢靠,伸缩性能必须有效。

3)伸缩缝两侧混凝土的类型和强度,必须满足设计要求。

4)大型伸缩缝与钢梁连接处的焊缝应做超声检测,检测结果须合格。

5)伸缩缝处不得积水。

2　更换伸缩缝的位置偏差应满足表 12.3.2 要求。

表 12.3.2　伸缩缝安装实测项目

项次	检查项目	规定值或允许偏差		检查方法和频率
1	长度(mm)	满足设计要求		尺量:每道
2	缝宽(mm)	满足设计要求		尺量:每道 2 处
3	与桥面高差(mm)	±2		尺量:每侧 3 ~ 7 处
4	纵坡(%)	一般	±0.5	水准仪:测量纵向锚固混凝土端部 3 处
		大型	±0.2	水准仪:沿纵向测伸缩缝,每侧 3 处
5	横向平整度(mm)	3		3m 直尺:每道

注:项次 2 应按安装时气温折算。

3　外观鉴定

伸缩缝无阻塞、渗漏、变形、开裂等现象。

附录 A　植筋施工方法

A.1　植筋施工

A.1.1　施工工艺流程(图 A.1.1)

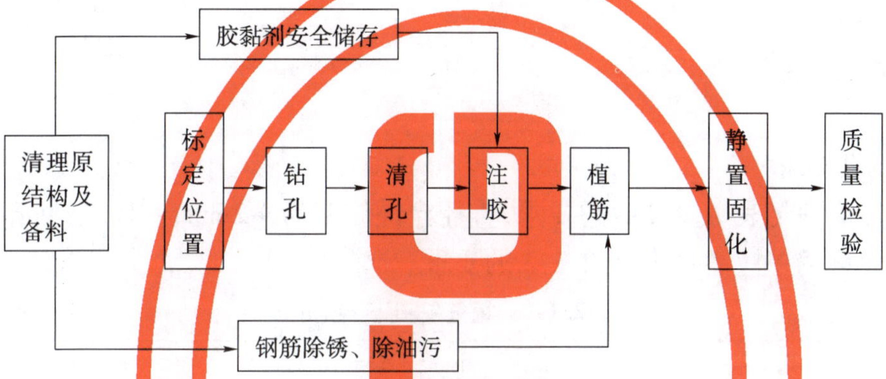

图 A.1.1　植筋施工工艺流程框图

A.1.2　植筋用胶黏剂

植筋用胶黏剂分管装式、机械注入式两种,其性能应符合《公路桥梁加固设计规范》(JTG/T J22—2008)第 4 章的相关规定。施工时应注意材料和配胶方式的相互配套,不得在现场配置植筋用胶黏剂。

A.1.3　植筋定位、钻孔

1　钻孔前可用钢筋探测仪探测桥梁构件植筋部位钢筋位置,或凿去保护层暴露钢筋,若植筋孔位处存在钢筋,则应适当调整钻孔位置。

2　钻孔施工遇到钢筋或预埋件时应立即停钻,并适当移动钻孔孔位;若移动值太大,应及时通知设计单位予以处理。

A.1.4　清洁孔壁、钢筋

清洁孔壁、钢筋可采用下列方法:

1　先将喷嘴伸入成孔底部并吹入洁净无油的压缩空气,向外拉出喷嘴,反复 3 次;

2　将硬毛刷插入孔中,往返旋转清刷 3 次;

3　再将喷嘴伸入钻孔底部吹气,向外拉出喷嘴,反复 3 次;

4　对要植入钢筋上的锈迹、油污进行除锈与清理;

5　植筋前用丙酮或工业用酒精擦拭孔壁、孔底和植入钢筋。

A.1.5　植筋

1　植筋用胶黏剂应采用专用灌注器或注射器进行灌注,灌注量一般为孔深的2/3,并应保证在植入钢筋后有少许胶黏剂溢出。

2　注入胶黏剂后应立即单向旋转插入钢筋,直至达到设计的深度,并保证植入钢筋与孔壁间的间隙基本均匀,校正钢筋的位置和垂直度。

A.1.6　静置固化

胶黏剂完全固化前,不得触动或振动已植钢筋,以免影响其黏结性能。

A.2　植筋施工质量检验

A.2.1　钻孔要求

钻孔直径应满足表A.2.1-1的要求,直径允许偏差为+2mm、-1mm;钻孔深度、垂直度和位置的允许偏差应满足表A.2.1-2的要求。

表A.2.1-1　植筋钻孔直径(mm)

钢筋公称直径	钻孔直径	钢筋公称直径	钻孔直径
6	10	18	22
8	12	22	28
10	14	22	28
12	16	25	30
14	18	28	35
16	20	32	38

表A.2.1-2　植筋钻孔深度、垂直度和位置允许偏差

植筋位置	钻孔深度允许偏差(mm)	钻孔垂直度允许偏差	位置允许偏差(mm)
上、下部结构	+10,0	3°	5
承台与基础	+20,0	5°	10
连接节点	+5,0	2°	5

A.2.2　植筋要求

1　锚孔内胶黏剂应饱满,不得有未固结现象。

2　植入钢筋不得有松动,表面不应有损伤,钢筋不得弯曲90°以上。

A.2.3　施工应注意的问题

1　严禁采用将胶黏剂直接涂抹在钢筋上植入孔中的植筋方式。

2　废孔处理:施工中钻出的废孔,应采用高于构件混凝土一个强度等级的水泥砂浆、聚合物水泥砂浆或锚固胶黏剂进行填实,必要时应插入钢筋。

附录 B　锚栓施工方法

B.1　锚栓施工

B.1.1　施工工艺流程图。

用于桥梁构件加固的锚栓通常有机械型锚栓、注射式化学锚栓、管式化学锚栓三种，其施工工艺流程框图见图 B.1.1-1 ~ 图 B.1.1-3。

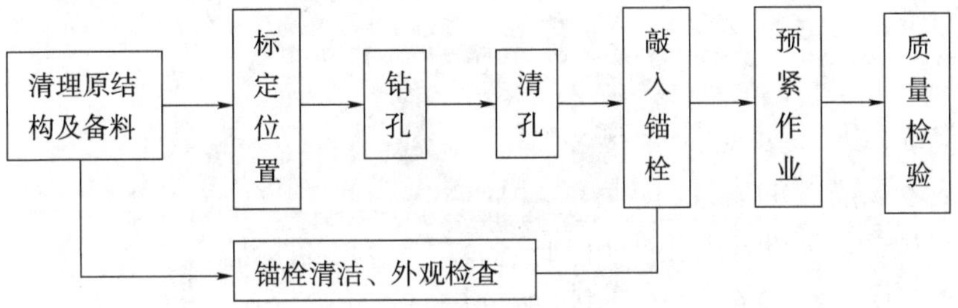

图 B.1.1-1　机械型锚栓施工工艺流程框图

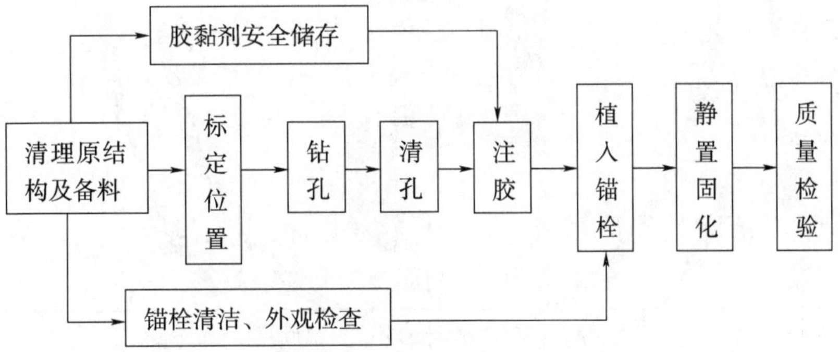

图 B.1.1-2　注射式化学锚栓施工工艺流程框图

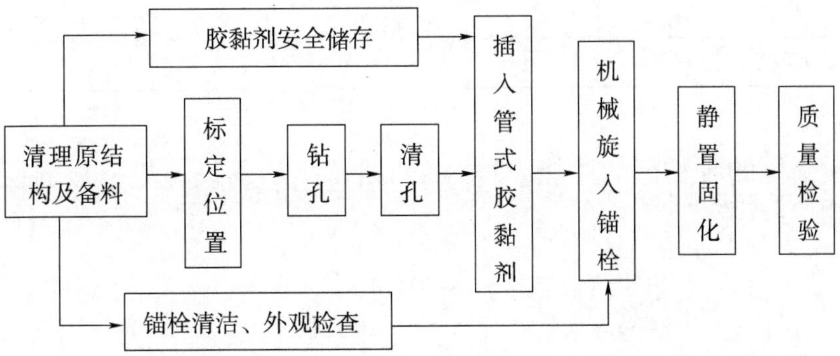

图 B.1.1-3　管式化学锚栓施工工艺流程框图

B.1.2 锚孔的定位与钻孔可按照本规范附录A的相关要求执行,锚孔直径和孔深应和锚栓的要求相适应。

B.1.3 锚孔的清理应符合下列规定:

1 对机械型锚栓的锚孔,应用洁净的压缩空气清除孔内粉屑;对化学锚栓的锚孔,应先用硬毛刷清孔,再用洁净的压缩空气清除粉屑。

2 清孔的次数不应少于3次;必要时应用丙酮擦拭干净锚孔。

3 孔壁应无油污,其干燥程度应达到设计要求。

4 锚固的基材表面应光滑平整,无粉尘、碎屑。

B.1.4 机械型锚栓的安装应符合下列规定:

自切底、切底锚栓应采用专用工具进行安装;安装就位后,其套筒顶端至混凝土表面的距离应约为1mm。

B.1.5 化学锚栓的安装应符合下列规定:

1 注射式化学锚栓的安装,应将注射管插入孔底,由孔底往外均匀注入胶黏剂至孔深的2/3;以孔口有胶黏剂溢出作为目测检验注胶合格的标志。

2 玻璃管式化学锚栓的安装,应将玻璃管插入锚孔,用电锤以低速(小于750r/min)将螺杆旋入至锚固深度,目测以有少量胶黏剂外溢为合格。

3 化学锚栓在固化时间内严禁扰动,以免影响其黏结性能。

B.2 施工质量检验

B.2.1 锚固质量应满足设计要求,当设计无要求时,应满足表B.2.1的要求。

表B.2.1 锚固施工允许偏差

锚栓种类	预紧力	锚固深度(mm)	位移(mm)
扭矩控制式型锚栓	+15%	0,+5	—
扭矩控制式扩孔型锚栓	+15%	0,+5	—
位移控制式型锚栓	+15%	0,+5	0,+2

B.2.2 化学锚栓的胶黏剂的性能应符合《公路桥梁加固设计规范》(JTG/T J22—2008)第4章的相关规定。

B.2.3 施工应注意的问题:

1 机械型锚栓和化学锚栓应整套使用,不得替换任何部件。

2 废孔按附录A中A.1.3条方法处理。

本规范用词说明

对执行规范条文严格程度的用词,采用以下写法:

1　表示很严格,非这样做不可的用词:

正面词采用“必须”;反面词采用“严禁”。

2　表示严格,在正常情况下均应这样做的用词:

正面词采用“应”;反面词采用“不应”或“不得”。

3　表示允许稍有选择,在条件许可时首先应这样做的用词:

正面词采用“宜”;反面词采用“不宜”。

4　表示有选择,在一定条件下可以这样做的,采用“可”。

附件

《公路桥梁加固施工技术规范》

（JTG/T J23—2008）

条　文　说　明

1 总则

1.0.4 桥梁加固工程施工是对在役桥梁缺陷和病害的处理，与新、改建相比，情况更复杂，动态施工在加固工程中尤为重要。必须加强施工前的复查和施工中的观测与检查，及时反馈信息指导施工。在施工前，若发现原结构或相关工程隐蔽部位的构造有严重缺陷或与设计不相符的情况，应通知设计单位修改方案。施工过程中若出现异常变形、裂缝有较大较快发展，应立即停止施工，采取有效措施进行处理，经确认后方可继续进行。加固完工后，应检验加固效果，特大桥与技术复杂桥梁应进行荷载试验。

3 施工准备与施工组织

3.1 施工准备

3.1.2 材料检验

对配套的树脂类黏结材料除符合现行《公路桥梁加固设计规范》(JTG/T J22—2008)有关规定外,还应提供耐久性能指标及施工和使用环境要求。

3.3 施工安全及环境保护

3.3.5 为保证桥梁加固施工的质量,尽可能封闭交通组织施工。在预应力张拉、监测等重要工序阶段时,必须短时间中断交通。因特殊原因需在开放交通情况下进行桥梁加固施工时,应采取限载、限速措施,并充分利用交通量较小或夜间时段组织施工。为缩短影响交通时间,混凝土、胶黏剂等宜采用早强材料。

在开放交通情况下进行桥梁加固时,必须制订突发事件应急预案。突发事件主要是指由于交通事故、车辆故障等引起的堵车、压车现象。突发事件一旦发生,应及时通知交警和路政管理单位进行处理。尽快将事故车辆或故障车辆驶离或拖离交通管制区段,并注意防止社会车辆进入施工封闭区域。疏导交通可根据施工作业面的情况,临时收缩封闭车道的空间,包括减少封闭长度和宽度。交通阻塞严重时,应采取应急疏导措施,包括借道分流交通、地方道路分流交通、收费站入口控制等。

3.3.6 桥梁加固施工宜在晴天和白天进行。对于不受雨天影响的部位可在雨天进行作业,否则应采取防雨、防湿、防滑等保障措施。夜间施工应保证作业区照明效果良好,以及设置管制夜间交通的频闪灯、反光标志、标线、警示牌等,在警告区、过渡区、缓冲区及终止区,宜采用高杆灯照明。

4 混凝土桥梁表层缺陷处理

4.1 混凝土修补

4.1.2 混凝土的组成材料的要求如下：

1 水泥应采用42.5以上强度等级，水灰比应取小值。

2 对易浇筑密实且构件厚度不小于100mm者，可采用一般配合比，但粗集料直径不宜大于15mm；在较薄断面和不易浇筑处，粗集料粒径不应大于10mm。

3 对不易浇筑密实的区域可采用强塑性混凝土人工填充。

自密实混凝土的技术要求和施工工艺应符合现行《自密实混凝土应用技术规程》（CECS 203）的相关规定。

4.2 水泥砂浆修补

4.2.1 水泥砂浆的配制应采用与周围混凝土色差较小的配合比。

4.2.2 喷浆修补法所用水泥砂浆应采用小水灰比、加入大剂量速凝剂的硅酸盐类水泥，但其强度不应低于32.5MPa；也可采用具有快凝、早强、高强性能的专用喷射水泥。砂子应采用无风化的山砂或河砂，其细度模数应在2.7～3.7之间，其中直径小于0.075mm的细砂含量应低于20%，因为过细的砂子不但会影响喷射性能，而且还会影响集料和水泥浆的黏结性能。喷浆修补法施工工艺要求如下：

1 喷浆前应准备充足的砂子和水泥。

2 喷射水泥砂浆前应对旧混凝土表面进行凿毛，并将表面清理干净，喷浆前1h，应洒水以保持受喷面充分湿润。

3 当修补要求设置钢筋网时，钢筋间距不应小于80mm，并应有效固定。

4 如需安装模板，应安装牢固，避免喷射作业的冲击力使模板脱落。

5 用作输料管的软管，不应采用长度小于15m的管道；喷浆的压力应控制在0.25～0.40MPa；喷头与喷面的距离为0.8～1.2m，喷头与受喷面应保持垂直。

6 分层喷射时，应在第一层没有完全凝固时开始第二层的喷射，每层的间歇时间以2～3h为宜；若上层已凝固，应采用铁刷子将层间松料刷除，然后再继续喷射施工。

7 喷射完工后应及时进行表面处理，采取遮阴和保湿等养护措施。

4.3 聚合物水泥砂浆修补

4.3.1 聚合物水泥砂浆的施工工艺要求如下:

1 施工前应清除混凝土表面待修补部分的浮尘、油污及铁锈,将混凝土表面凿毛。

2 在涂抹聚合物砂浆前2h,用水冲洗待修补部位的混凝土表面,使混凝土表面处于充分湿润状态,但表面不能有明水。

3 应采用机械拌和,在修补施工前应将拌好的聚合物水泥砂浆放置5min后略加搅拌即可使用,搅拌好的物料应在1h内用完。

4 人工修补时,首层应压紧、压实,若修补厚度大于20mm时,宜分层压涂,各层施工应间隔3~4h。

4.4 改性环氧砂浆(混凝土)修补

改性环氧砂浆(混凝土)的使用温度不宜超过60℃,若环境条件不能满足要求,应采用其他修补材料。

1 涂改性环氧基液的施工工艺要求如下:

1)涂刷时应薄而均匀,涂刷基液厚度不应超过1mm。

2)应注意保护已涂刷基液的混凝土表面,防止杂物、灰尘洒落。

3)涂刷基液后,应间隔30~60min,待基液中的气泡排出后,再涂抹环氧砂浆或浇筑环氧混凝土。

2 采用改性环氧砂浆修补时的工艺要求如下:

1)平面涂抹时应均匀,每层厚度不应超过10~15mm,底层厚度应在5~10mm。

2)斜、立面涂抹时,每层涂抹厚度5~10mm,如层厚过大应分层涂抹。

3)仰面涂抹时应采用黏度较大的基液涂刷底层,涂刷应均匀,防止基液往下脱落;每层厚度应控制在3~5mm,当厚度超过5mm时,应分层涂抹。

4.5 混凝土表面防腐涂装

4.5.3 表面处理要消除混凝土施工后表面粉尘、黏附的砂浆、残余的脱模剂等容易使涂装附着力失效的杂物,使处理表面的粗糙度适当,以增加涂层附着力。

4.5.4 因混凝土可能吸收水分,故在施工前应检查混凝土含水量,确保含水量少于4%。

涂装施工时可采用滚筒法和人工法:滚筒法施工时应以交叉的走势在混凝土表面上滚动,将涂料均匀涂刷在表面上;人工法适合于修饰裂缝及接头处的带状涂抹,也用于混凝土角落或难以接近的地方,通常与滚筒法配合作业。

4.6 钢筋防锈蚀处理

4.6.1 采用人工凿除的方法清除桥梁表面因钢筋锈蚀而损坏的混凝土,使钢筋锈蚀段完全露出;用喷砂枪或钢丝刷等工具清除掉钢筋上的铁锈。

4.6.2 阻锈剂剂量和使用方法可按相应产品说明推荐使用,但应经试配和适应性试验验证。

4.7 质量检验与验收

4.7.2 新旧混凝土的黏结情况检测可采用敲击法和钻芯法:

1 敲击法或称声波反射法,采用小锤轻轻敲击新浇混凝土表面,若有空响声,表明新旧混凝土界面黏结不好。此法适应于较薄混凝土的修补检测。

2 钻芯法通过钻取小芯样直接观察混凝土的密实度和新旧混凝土之间的黏结情况。也可通过芯样劈裂试验来评判新旧混凝土间的黏结强度是否满足加固要求。

5 结构裂缝的处理

5.2 施工要求

5.2.1 应在加固设计中提供裂缝调查表,由施工单位复核。若未提供,施工单位应补作裂缝调查。除记录数量、长度、宽度、分布位置外,有条件时应用钻孔等方法查明主要部位裂缝深度。对于裂缝的发展应高度重视,如果结构性裂缝仍在发展,预示桥梁技术状况仍在恶化,可能需要变更原加固方案,应及时反馈意见,研究对策。

5.2.3 裂缝缝口表面处理工艺如下:

1 清理混凝土表面,使沿裂缝走向约 30 ~ 50mm 范围露出坚实平整的混凝土表面,清除表面浮尘,表面清理范围以裂缝位置拓宽不少于 10 ~ 25mm 为原则。

2 除去裸露钢筋表面的锈迹及油污。

3 清除裂缝内的灰尘等杂物。

5.2.5 自动低压渗注法、压力注浆法的作业程序一般如下:

1 自动低压渗注法

1)裂缝表面处理。

2)注浆嘴安装:沿裂缝中心,按设定间距粘贴固定注浆嘴。

3)封闭裂缝外口:注浆嘴以外的裂缝外口和贯通裂缝的对面外口都用腻子封闭。

4)安插渗注器:封贴料硬化后,在同一条裂缝上的每个注入嘴拧插上充了液剂的渗注器,同时进行渗注。

5)持续渗注:注入嘴推开渗注器的止逆阀,凭液剂所受的压力持续向缝隙渗注,直到器内容积不再减缩,说明裂缝已填满,或是液剂已固化,可停止渗注。如器内液剂迅速出完,则可另换渗注器继续渗注。

6)竣工清理:黏结剂达到固化时间,即可铲除注入嘴座,清除封贴材料。

2 压力注浆法

1)注浆前应对裂缝进行处理。

2)埋设粘贴注浆嘴。注浆嘴的布置沿缝的走向,间距 200 ~ 400mm,在裂缝交叉处、较宽处、端部、裂缝贯穿处以及钻孔内均应埋设注浆嘴。每一条裂缝至少须有一个注浆嘴、排气嘴、出浆嘴。

3)密封裂缝。一般采用环氧胶泥抹压平整,防止产生气泡漏浆。

4)裂缝封闭后应进行压气试漏,检查密闭效果。试漏需待封缝胶泥或砂浆有一定强度时进行。试漏前沿裂缝涂一层肥皂水,从注胶嘴通入压缩空气,凡漏气处,应予修补密封至不漏为止。

5)压力灌浆。压力灌浆自下而上进行,最后一个注胶嘴冒胶后,保持恒压继续压灌,当进胶速度小于0.1L/min时,再继续灌注5min后停止压胶。

6)注浆结束,应检查补强效果和质量,发现缺陷应及时补救。

5.3 质量检验与验收

5.3.2 用取芯法钻取芯样,观察混凝土界面的黏结情况及饱满程度。钻取芯样应符合下列规定:

1 取样的部位应由设计单位决定;

2 取样的数量应按裂缝注射或注浆的分区确定,但每区应不少于2个芯样;

3 芯样应骑缝钻取,但应避开内部钢筋;

4 芯样的直径不应小于50mm;

5 取芯造成的孔洞,应立即采用强度等级较原构件提高一级的小石子混凝土填实。

6 梁桥加固

6.1 桥面板补强加固

6.1.5 浇筑补强混凝土可采用干硬性混凝土或钢纤维混凝土,以减少新浇混凝土的收缩,从而减少新、旧混凝土之间产生的差动收缩力,提高补强效果。

6.2 增大截面加固

6.2.1 当采用增大构件截面的方法对桥梁进行加固时,保证新旧混凝土面良好结合是提高抗弯刚度达到补强效果的关键。因此在施工中应采取必要措施,保证新旧混凝土的整体性。

6.2.3 新增的钢筋骨架也必须与原结构的骨架可靠连接,一般通过植筋连接,也可暴露出原结构主筋,采用绑焊连接。

6.2.5 对支架进行预压,可消除支架变形对新浇混凝土与旧桥连接的不利影响。其加载量、卸载量和程序应进行设计。

6.3 粘贴钢板加固

6.3.1 粘贴用钢板宜采取工厂加工制作,运至现场除锈、清洗后,刷浆粘贴。钢板易在搬运、施工中造成变形翘曲,应采取相应的防止变形措施。

为增加表面极性,改善其黏附能力,对粘贴面应进行除锈和粗糙处理。其方法是:用电动磨光机反复打磨粘贴面,至露出金属光泽,再用平砂轮打磨拉毛处理,纹道与钢板受力方向垂直。用丙酮清洗,除去钢板表面附着的油污和杂质,晾干待用。

6.3.2 为保证胶黏剂质量,原则上采用工厂生产的成品材料,不宜现场试配。

6.3.3 按设计图的螺栓孔位置在原构件钻孔时,为避免钻孔损伤原构件钢筋(及预应力钢束),可用钢筋探测仪确定钢筋位置,为了避开内部钢筋,容许适当移动孔眼位置。待黏合面上锚固螺栓孔全部钻成后,可用透明纸覆盖在混凝土面上画出锚栓孔位置,然后覆盖在钢板黏合面上用电钻钻取相应锚栓孔,把钢板覆盖到原梁混凝土黏合面上进行栓孔校核,如有偏差对钢板上的栓孔进行修正,使原构件上钻孔与钢板钻孔位置吻合。

6.3.4 加固构件的黏结面处理及钢板的黏结面处理是最关键的工序,应认真进行。如加固构件局部破损,应先凿毛,然后用不低于原混凝土强度等级的小石子混凝土修补后再进行处理。对于混凝土构件的黏结面,应根据构件表面的新旧、坚实、干湿程度,分别按以下情况进行处理。

1 对很旧很脏的混凝土构件的黏结面,应先用硬毛刷蘸高效洗涤剂刷除表面油垢污物后用清水冲洗,再对黏结面进行打磨,除去 2 ~ 3mm 厚表层,直至完全露出新的混凝土面,并且用压缩空气吹除粉尘。

2 如果混凝土表面不是很脏很旧,则可直接对黏结面进行打磨,去掉 2 ~ 3mm 厚表层,用压缩空气除去粉尘或用清水冲洗干净后干燥。

3 对于新混凝土构件的黏结面,可先用钢丝刷将表面松散浮渣刷去,再用硬毛刷蘸清洗液洗刷表面,再用清水冲洗,待完全干燥即可。

4 对于湿度较大的混凝土构件,因为在潮湿的基层上,一般树脂类胶黏剂的黏结强度会大幅度降低,所以尚需进行干燥处理。

5 混凝土表面有松散浮渣要用钢丝刷除去;混凝土黏贴面凹凸不平的应用磨光机打磨进行整平处理,露出新鲜混凝土。经处理后的混凝土表面应粗糙、平整、洁净,不得有粉尘、浮渣、油污等杂物。

6 将配制好的胶黏剂用抹刀同时涂抹在已处理好的混凝土表面和钢板面上。为使胶液充分渗透扩散在结合面上,宜先用少量胶液在结合面上来回刮抹,再抹胶液至所需厚度,且使中间厚边缘薄,然后将钢板贴于预定位置。粘贴后,应用手锤沿粘贴面轻轻敲击钢板,如无空洞声,表示已粘贴密实,否则应剥下钢板,重新补胶黏结。

7 钢板粘贴好后用锚固螺栓等加以固定,并适当加压,将钢板与混凝土表面压实,以胶液刚从钢板边沿挤出为度。锚固螺栓一般兼作钢板的永久附件来提高黏结层抗剪强度。

6.3.5 加固所用的钢板应按设计要求进行防腐处理,设计无要求时,若采用防锈漆进行防腐时,钢板外露部分涂刷 2 遍铁红色酚醛防锈漆,外涂 2 遍灰色面漆。

6.4 粘贴纤维复合材料加固

6.4.1 由于混凝土表面薄弱松散受腐蚀的部分强度较低,在该薄弱层粘贴纤维材料很容易破坏,所以混凝土表面的薄弱层和杂质必须凿除并清理干净,才能进行修补。水对胶体的黏结作用影响很大,如果有渗水现象,必须进行处理,待混凝土表面完全干燥后才能施工。纤维材料如果直接粘贴在棱角上,棱角部位的纤维材料容易断裂,所以要将棱角打磨或填塞,并以圆弧过渡。

6.4.2 底胶在涂刷完成并指触干燥后要尽快进行纤维材料的粘贴,保证粘贴效果。长时间将底胶暴露在外面,一是灰尘会黏附在胶体表面,二是胶体长时间受到阳光照射会使其表面老化、黏附能力降低,影响粘贴效果。底胶如长期暴露,必须将表面一层原底胶打磨清理干净,然后重新涂抹。

6.4.3 根据国内外对碳纤维布材与混凝土间的黏结锚固的试验结果,黏结应力主要集中于端部100mm范围内,黏结破坏是脆性的,且黏结应力一般不会产生扩展。因此若碳纤维复合材料需要搭接时,其搭接部位应该避开构件应力最大区域,搭接长度不应小于100mm,且搭接端部应平整、无翘曲。多层搭接时,各层搭接位置不应在同一截面,每层搭接位置的净距应大于200mm。纤维复合板材不宜搭接。

6.5 体外预应力加固

6.5.1 体外预应力筋一般采用无黏结预应力钢筋材料,其表面涂刷的防腐防锈蚀材料对保护预应力筋起到关键作用,因此在运输和安装过程中不能损伤其表面,如有损伤应及时处理,防止锈蚀发生。

用电弧切割预应力筋,在高温下将使预应力筋的抗拉强度降低,故规定不应用电弧切割。

6.5.2 当钢绞线采用连续跨布置,而在跨中的转折点设在梁底以上位置时,应尽可能采用两端纵向张拉以减少摩擦力损失;当钢绞线在跨中的转折点设在梁底以下位置时,可采用一端纵向张拉,但在纵向张拉以后,还应利用设在跨中的张紧螺栓进行横向张拉,以补足由摩擦力引起的预应力损失值。当纵向张拉有困难时,也可将跨中转折点设在梁底,全部采用横向张拉的方法,这种方法一般适用于无外观要求的情况。

6.5.4 当转向块之间的距离过长时,钢束在桥梁受到荷载振动时,钢束摆动过大和原设计的线形发生改变,影响受力效果,因此当钢束体外段长度超过10m时,应在中间设置定位器,固定钢束位置,保证钢束线形和受力效果。

水平滑块多用18~30mm厚的钢板焊接而成,如用铸铁加工将更为经济。楔形滑块常用钢材制成,并焊接在型钢斜杆的下端,也可用混凝土直接浇筑在型钢斜杆的下端。水平滑块的垫板由于受斜筋分力的作用将一直处于受压状态,因此,水平滑块的垫板只需用环氧砂浆粘贴在梁的底面上。施工时应先将梁底混凝土凿除20mm左右,并在混凝土表面抹一层环氧胶液,再用环氧砂浆找平,然后用临时的吊架将支撑板粘贴在梁底。

6.5.5 成品索一般自身带有防腐措施,不需要进行专门的防腐保护措施。当采用非成品束或钢束本身没有防腐功能时,预应力筋的保护措施:如是粗钢筋,可采用二度防锈漆的方法进行防护,也可采用聚乙烯套管进行防护;如是钢绞线则事先套入套管,然后采用压浆处理。同时为防止桥下船只碰撞预应力筋,可采用在预应力筋下加设钢板防护罩进行保护。

6.6 改变结构体系加固

6.6.2 简支变连续梁的体系转换，有保持原支座（双支座）和更换支座两种做法。用预应力钢束（钢筋）作连接时，可采用后张法。也可采用开槽后，张拉裸束，浇筑混凝土直接黏结钢束（钢筋）的“先张法”。

采用单支座时，墩顶支座安装应该在连接缝钢筋连接之前完成，与连接缝底板模板同时进行安装。底模采用泡沫板时应该考虑预留一定的压缩沉降量，一般取2mm即可。钢筋在连接中采用焊接时容易烧伤，为防止焊渣烧伤泡沫板，浇筑混凝土前应将残渣清理干净。底板与支座间的缝隙用胶布或砂浆封住，防止浇筑混凝土时漏浆。

6.7 质量检验与验收

6.7.2 构件的黏结钢板加固质量，一般采用非破损检验，外观检查钢板边缘的溢胶色泽、硬化程度，以小锤敲击钢板，检验钢板的有效黏结面积。检验金属结构的黏结质量，还可采用声振法、全息摄影法、X射线透视法、超声法、热学法、声发射法等以仪器为主的检测手段，但如何应用于混凝土结构的粘钢加固检验，尚有待进一步研究。对重大工程，其加固效果的检验，尚需进行抽样加载试验，一般仅以标准使用荷载进行试验。加载后的构件应能满足设计使用要求。

7 拱桥加固

7.1 拱上建筑拆除

拱上建筑拆除应进行设计,给出逐级拆除的顺序和拆除荷载量,其拆除的顺序与修建时的顺序相反。若拆除拱上建筑不当,可能使拱的压力线严重偏离拱轴线,使某些截面弯矩过大,造成截面破坏或使拱圈失稳。对于小跨径拱桥未进行拆除设计的,施工时可补充验算,根据对称、均衡的原则,从拱顶开始,对称向拱脚进行,也可对称分段进行。

拆除拱上建筑应加强观测,实行施工监控,拱圈变位观测一般不应少于5点。拆除多孔拱桥的拱上建筑,使各孔恒载推力不平衡,还应加强相邻孔拱圈、桥墩的观测,视原结构情况一般需观测三孔或五孔。若出现异常,应及时调整卸载程序,多孔拱桥也可能要采取支撑等措施承受不平衡推力。

因为拆桥施工不当而造成桥梁垮塌的事故,曾不止一次发生,应予以高度重视。

7.2 圬工拱桥加固

7.2.1 套拱加固即在原拱圈腹面增设混凝土拱圈,是圬工拱桥(及混凝土板拱)加固的常用形式。有按全宽加固或宽于原拱圈加固及采用肋式加固等形式,新拱圈宽于原拱圈除了因使用功能要求加宽外,还便于浇筑混凝土时材料入模(从两侧竖向注入混凝土)。若采用拱肋套拱时,套拱拱肋之间同时浇筑横系梁。

圬工砌体上植筋应避开砌缝,植筋数量不宜过多。

在腹面浇筑混凝土时,由于混凝土塑性流动、收缩及支架变位的影响,易造成新旧拱圈在拱顶部位脱开。采取的对应措施有:

1 支架实施预压,浇筑混凝土时逐步卸载以消除支架变形的影响。总预压量可取为混凝土重量的1.1~1.2倍。

2 拱顶段预留压浆孔,在浇筑混凝土强度达到设计值的70%以上时,高压注入水泥胶浆。

3 拱顶段2~4m范围的支架设计为可顶升,在拱顶浇筑完混凝土且尚未初凝前,顶升该段支架模板,以消除塑性流动产生的空隙。

套拱加固一般不中断交通,对交通干扰最小。

7.2.2 拱背加大截面加固

拱背加大截面加固法的优点是加固施工条件好,安全度较高,主拱和拱上建筑同时得到处理,上部结构加固比较彻底。

拱背加大截面加固法,要先拆除拱上建筑,必须中断交通。在加固施工中,应采取有效措施组织交通分流,同时实施快速施工方案,缩短工期。

7.2.3 更换砌块

该方法适用于需要保持旧桥历史风貌,且原结构技术状况尚可的拱桥。

7.3 钢筋混凝土拱桥加固

7.3.2 增加拱肋加固是加宽桥梁的措施,施工时应保证其横向稳定性,需要在拱顶、$L/4$等处架设临时横系梁与原拱连接。若跨径不大,也可利用拱肋和横系梁的钢筋骨架来连接。

增加拱肋与加宽桥墩(台)是一并进行的,应按设计做好拱座及预埋钢筋。

7.3.3 横向连接加固往往采用加大原横系梁(板)截面或增加新的横系梁(板)的方法。横系梁的主筋尽可能通长设置,当在底面加大拱肋截面时,可使横系梁的底面与拱肋同高,能方便布置通长钢筋可靠连接,以保证整体性。

7.4 钢管混凝土拱桥加固

钢管混凝土拱桥常见缺陷是钢管内混凝土有空洞或与钢管有脱空。修补空洞一般采用聚合物混凝土,修补脱空缝隙则采用压力注浆的方法,常用改性环氧胶黏剂。为了灌注混凝土,应在钢管上钻孔,若孔径较大,可用钢板补焊,焊接时应减少对原结构的损伤。孔径较小时用灌注胶液抹平即可。

8 缆索承重桥梁的加固

8.1 一般要求

8.1.1 本章仅针对悬索桥、斜拉桥、拱桥等桥梁的缆索、吊索(杆)、系杆、锚碇的维修、更换、加固。其他混凝土、钢构件的加固应符合本规范第6章及第9章的规定。

缆索体系桥均为多次超静定结构,结构体系受力复杂,施工顺序及施工方法不同,对维修加固后桥梁线形及结构内力产生的影响差异非常大,合理的施工顺序和施工方法是确保维修加固期间缆索体系桥梁结构安全的关键。一般由设计、监控单位对维修加固期间缆索体系桥梁结构安全进行计算复核。

8.2 斜拉索更换

8.2.1 斜拉桥换索前的结构体系受力形态和斜拉索、索塔及主梁的损坏程度是制定换索施工工艺和施工方法的前提和依据。

准确把握当前斜拉桥受力状态及与原设计的偏离程度可较好地修正换索计算模型,是施工监控分析计算的基础。

8.2.2 索塔、主梁和锚碇等的缺陷直接影响换索期间桥梁结构安全。一般应先于换索进行修复。

8.2.3 斜拉桥属多次超静定结构体系,任何一根斜拉索索力变化、桥面荷载变化、温度影响都会引起全桥结构内力变化,换索施工中,应采取措施减小变化幅度,并控制在结构允许限值范围内。

8.2.4 对桥上交通实行限制,以不影响换索期间的结构安全、张拉和索力调整精确度为准,为了保证拉索张拉和索力调整时的精度,在调整索力等关键工序时应短暂封闭桥上交通。

8.2.5 桥上临时荷载对桥面线形及索力、索塔变位均产生直接影响,多余施工荷载的随意堆放,致使所监测的桥梁应力、变形数据失真,施工监控计算分析所得出的数据将无法指导施工,所以在施工中必须严格控制。

8.2.6 换索程序和施工工艺直接影响换索过程主梁线形和结构应力变化,特别在斜拉索拆卸和安装过程中桥面线形和结构应力变化最明显。换索过程中,变化后的主梁线形、结构应力是否在允许的安全限值范围之内,需监控单位全程跟踪监测,并据此给出每组拉索更换的控制指令。

8.2.7 卸索应保持桥梁均衡受力,不致产生过大的附加作用。

8.2.8 锚具大螺母的松动瞬间索力即为拉索实际索力,能较好地反映索的受力状态,可作为计算新索张拉控制目标值依据之一。索力测试的方法有:频率计法、穿心式压力传感器法、千斤顶油表读数法。分次放张的目的是为了荷载平稳转换。

8.2.9 梁顶高程变化是卸索索力变化的直接反映,该变化值在可控的预期范围内,是梁体受力在正常范围内的表征。

8.2.10 设计和监控所确定的张拉顺序、级次和量值应满足桥梁安全要求,施工中不得随意更改。

8.2.11 做好施工过程中拉索防护,有效减少拉索锚具外露时间,是做好锚头防腐的第一步。

8.2.12 换索过程监控是保障换索过程中桥梁结构安全的关键,换索过程应全面监测拉索索力变化,梁体(桥面)高程变化,索塔、主梁的变位和应力变化及裂缝变化情况,准确反映桥梁结构受力状态,以指导施工。

8.3 吊杆更换

8.3.1 新换吊杆多采用成品索,生产、运输过程中难免发生碰撞,进场及安装后应对吊杆进行检查,对破损 PE 索套进行修复。

8.3.2 更换吊杆时,通过主动张拉工具吊杆,使旧吊杆的受力转换到工具吊杆上,如果张拉不同步,工具吊杆容易发生失稳而倾覆。

8.3.3 经过多年的营运,原桥面系和吊杆系统已形成了受力平衡,以桥面高程控制变形,吊杆的结构内力不会发生太大变化,保证了原桥结构的受力的连续性,且对原桥面铺装层影响较小。

8.3.5 吊杆的解除和张拉过程中,桥梁各部分的应力有一个逐步变化的过程,一般采用分级张拉使荷载转换平稳,如不分级张拉,容易发生应力集中,导致桥梁结构发生损坏。

8.4 系杆更换

8.4.2、8.4.3 拱桥系杆分可更换与不可更换两类。对于不可更换系杆,新老系杆位置发生了改变,系杆位置的改变会导致拱受力的变化,施工时系杆的拉力直接在新旧系杆间转换;对于可更换系杆,新老系杆在同一部位,索力是通过增加临时系杆进行转换,临时系杆应通过设计计算。转换过程中,既要维持系杆拉力值不变,又要使合力位置与原系杆位置一致,以避免产生附加弯矩影响结构受力。

8.4.4 系杆索力转换的原则:分级张拉、对称施工、平稳转换,其目的是尽量减少桥梁的不平衡受力。

8.5 悬索桥主缆维修

8.5.2 主缆缆套出现裂缝后,雨水、大气侵入将使主缆钢丝产生锈蚀,影响桥梁使用耐久性和承载能力。

8.5.3 索股受力调整应同时检测索力。

8.6 锚碇加固

8.6.1 由于未做衬砌的岩石锚室或锚洞,其表面极易在潮湿、酸性环境下风化、腐蚀,因此岩石的表面风化或开裂应及时处理,以保证岩石周壁的寿命。消除表面裂缝和龟纹最常用的措施就是用结构胶黏剂或钢丝网水泥砂浆进行封闭。

8.6.2 如锚洞外的压重体表面有空洞、松散、龟裂等缺陷,应及时将受损部分清除并将周围表面凿毛,再对其空洞用水泥砂浆或混凝土填满及处理其他缺陷。如果压重不足,应增加压重砌体,新砌体与原压重体应有可靠联结。

8.6.3 锚室渗水是常见病害之一,它将引起锚索及锚具锈蚀。可采用水泵及时抽出积水。解决渗水的根本办法是增加或重做防水层以及处理渗水水源,使锚室拉索处于干燥环境中,确保拉索不因浸水而锈蚀。

9 钢桥及钢—混组合结构桥梁加固

9.1 一般要求

9.1.1 钢桥加固常用的方法有增大截面法、更换构件法及改变体系法。其他加固方法如施加体外预应力加固、黏结纤维复合材料加固也有采用或在试验中,但经验尚少,本规范暂不纳入。加大截面的各种形式见《公路桥梁加固设计规范》(JTG/T J22—2008)。

钢桥构件的连接,主要有栓接、黏结和焊接。栓接在加固工程中应用广泛,因焊接高温可能损伤原有杆件,宜慎用。黏结方法在国内缺少使用经验,本规范暂不纳入。铆接方法已经淘汰,即使是原铆接钢桥的加固,也不再采用铆接而改用栓接。

9.1.4 钢—混组合结构桥梁的桥面部分为钢筋混凝土或预应力混凝土板,主梁为钢梁,加固施工应分别按本规范第6章及本章的规定执行。

9.4 更换(增加)构件

9.4.2、9.4.3 修补的纵梁与横梁联结角钢裂纹受条件限制不便直接修补时,可采用更换厚角钢、增大螺栓直径等方法。钢梁连接系杆交叉处、连接杆件与主梁或纵梁翼缘连接处铆钉偏少,则用更换大节点板,增加螺栓进行改善。

9.6 裂纹的修复

9.6.1 发现构件上有裂纹时,一般先在裂纹端点外约一倍板厚距离处钻直径 $d=t$(t为板厚)的孔,如对裂缝观测很仔细、准确,也可在其末端钻孔,以应急暂时阻止其扩展,再进一步研究、观测其扩展和性质,以决定修复或加固方案,不宜直接补焊,以免恶化金属的品质、增加附加焊接应力及产生新的有害裂纹。

9.6.2 钢结构板件中的裂纹,多源于构件应力集中、残余应力或作用应力高、工艺或构造缺陷、材质差或材质恶化等。一般用对接焊缝修补焊接时,应沿裂纹清边、剖口,并采取减少焊接残余应力的施焊工艺。本条给出了一般堵焊修复裂纹的顺序,复杂情况应专门研究。用对接焊缝堵焊之后,对于焊缝表面的磨平应特别注意,切忌使砂轮旋转的切线方向与受力方向垂直,以免砂粒刻痕形成新的类裂纹性缺陷,有害于抗疲劳性能。

10 桥梁基础及下部结构加固

10.1 盖梁及墩柱加固

10.1.2、10.1.3 盖梁及墩柱的接长、加宽能否与原结构整体受力,是结构加固的关键,凿毛、做剪力槽、植筋等均是确保结构整体受力的重要措施,施工时应予以重视。

注浆法外包钢加固墩柱禁止在灌浆后焊接和敲击钢板,避免焊接的高温及敲打冲击损坏化学结构胶。

10.2 墩、台身套箍加固

10.2.1 根据桥墩、桥台的受力特性,桥墩采用环形套箍,桥台采用U形套箍的方式加固。套箍的分布、密度可根据墩台的病害程度进行调整,亦可将整个墩台进行整体套箍加固。

凿毛是为了保证原构件与新增混凝土的可靠连接,使之能协同工作,以保证力的可靠传递,从而收到良好的加固效果。若结合面不紧密,可通过注浆管注浆,使之结合牢靠。表面凿毛时,宜将墩、台身的棱角敲击成圆顺的弧面,这有利于混凝土联结。

采用混凝土套箍加固墩台身时,在混凝土未达到设计强度之前,应尽可能限制活载,其目的是减少二次受力的影响,保证套箍混凝土与老混凝土的黏结质量和新混凝土自身的强度。

10.2.2 钢套箍施工质量控制要点:1)原混凝土表面应打磨平整,目的是最大限度地减小套箍与原结构间的空隙;2)应做好钢板的防腐处理,避免钢板锈蚀。

10.3 桥台加固

10.3.1 当砌体桥台结构存在较大安全隐患时,可采用注浆加固以提高砌体桥台的整体性。在加固砌体桥台之前,若地基基础需要加固时,应先行加固桥台地基基础。

10.3.4 台背换填材料宜采用透水性材料。U形桥台应做好排水系统。

10.3.5 加固过程可能改变原桥台受力平衡条件,为确保安全,应加强观测并酌情增加临时支撑,以保持平衡和稳定。

10.4 增大基础加固

10.4.1、10.4.2 在原基础边缘开挖基坑,会对基础产生不利影响,施工时必须谨慎。既要保护原结构稳定,又要防止基坑坍塌事故。应严格按设计进行,并加强现场监控。一旦出现异常应及时进行处理。

10.5 承台加固

10.5.1 在水中承台、桩基的加固施工过程中,为确保桥梁、水上交通的正常运营及施工过程的安全,应综合考虑现场实际情况,优化加固施工方案。

为确保水中承台、桩基加固质量,宜采用围堰施工。围堰沉至设计高程后,还应进行围堰沉降及围堰内基底渗水量观测。如渗水量上升速度小于或等于6mm/min,在清基后按普通混凝土浇筑方法进行封底;若渗水量大于上述规定时,宜采用水下混凝土施工方法进行封底。

10.5.3 结构水下部分增大截面加固时,无法对原结构表面凿毛,但应清除附着物并将表面清理干净。

10.6 桩基加固

10.6.1 增补桩基施工对原地基产生扰动是不可避免的,在制定施工方案、选择成孔方案时应优先选用对地基扰动较小的钻孔桩、静压桩方案。钻孔桩的技术普及程度高,易于掌握;静压桩对土层扰动小,且有挤密土体作用。

施工时应对原桥、周围土体进行变形监控。

10.6.2 灌注桩成孔方法主要有:回旋钻成孔、冲击钻成孔、旋挖成孔、人工挖孔等方法。在选择成孔方法时,除考虑地质水文条件、桩长等因素外,还应重点考虑成孔对原桩周土体的影响,不宜采用冲击钻成孔,人工挖孔时不宜爆破开挖。

10.7 人工地基加固

对地基进行加固时,沉降观测是一项必须要做的工作,它不仅是施工过程中进行监测的重要手段,而且是对地基加固效果进行评价和工程验收的重要依据。由于地基加固过程中容易引起周围土体的扰动,因此,施工过程中对邻近建筑和地下管线也应进行监测。

10.8 基础冲刷加固

10.8.1 抛石防护具有施工容易、柔性防护的优点,除用作冲刷回填外,还可作为抢险加固措施。行洪过程中抛石可防止对桥墩的过度冲刷,铅丝石笼、钢石笼还可作为便桥的临时墩台。

10.8.2 因板桩高出河床面,会产生阻水,在板桩前造成局部冲刷,影响护桩安全,所以应限制板桩不得高于河床。

11 桥梁抗震及防碰撞加固

11.1 一般要求

11.1.2 本条列举了主要的桥梁抗震加固措施。抗震加固主要是针对20世纪80年代以前所建造的桥梁。近20年新建的桥梁,按规定要求进行抗震设计,采取了相应的抗震措施,一般不需要再作抗震加固。主要加固措施有:

1 提高结构物的承载能力、构件延性。当用地震荷载进行检算,不能满足规范要求时,必须进行结构加固。其措施与因其他原因引起的承载力不足而进行的加固相同,如增大截面、贴钢板、贴纤维复合材料、施加预应力、增加桩基、增加结构杆件改变受力形式、人工地基加固等。一般使用较多的是桥梁墩柱及基础的加固,首选的方案是采用对提高弯曲延性有利的套箍或钢套管加固方案。对双柱式墩,增加横梁可以改变出现塑性铰的位置,从而提高结构的抗震能力。通常较少进行上部结构加固,而采用减(隔)震支座及增加限位装置往往更经济有效。

2 防止落梁。主要是针对简支(或连续)梁板桥。国内外的震害调查表明,落梁是地震灾害主要的破坏形式,可能出现纵向或横向落梁,尤其是纵向落梁较多且破坏较严重。防止落梁的措施主要是控制过大的位移,增加对梁体变位的约束。

3 防止地基土液化、流动。饱和砂土、亚砂土在地震力作用下可能出现液化,当地基土液化时,该土层的竖向和水平承载力接近于零,若两侧土压力不均匀,液化的土层将在侧压力的作用下流动造成结构破坏。这是地震特有的灾害现象。

4 更换减震(隔震)支座。采用减震(隔震)支座可由支座吸收部分地震水平力,从而减少地震对结构的破坏。

11.1.3 做好原桥交通的维持和疏导工作,这是组织施工的一个原则。仅进行抗震加固的桥梁,一般都能维持正常交通。应采用限速、限车道通过等措施。在加固作业的某些工序,需暂时中断交通,这时应做好交通疏导、分流等工作。

11.1.4 做好抢修预案,对于减少灾害损失十分重要。预案包括一旦因地震中断交通的绕行方案、抢修技术方案、人力组织、指挥调度、信息发布、物资器材储备等。

11.3 桥梁复位

简支或连续梁板桥的梁体移位,是地震灾害中最多的梁式桥损坏形式。弯、坡、斜桥的支座设置不当也可能产生梁体移位。移位严重者造成落梁破坏。梁体移位往往与结构开裂、支座破损和移位、抗震挡块破坏同时发生,进行加固设计和施工时应综合考虑。

梁体复位施工与更换支座的顶升、回落梁板基本相同,差别仅在于复位需要平面移动。竖向与水平移动应交错进行。

顶、移梁板过程中应保证梁体稳定,不产生滑移、倾斜,也不应使千斤顶受力时间过长。

11.4 防止落梁装置

11.4.1 防止落梁装置有多种形式,本规范纳入了主要的几种。

在墩、台帽上增设钢筋混凝土挡块,是常用的型式。可承受地震时梁的冲击,用于保护支座,防止落梁。按功能可分为防止纵向落梁的挡块和防止横向落梁的挡块,其施工技术要求是相同的。

用钢索将相邻孔主梁或主梁与墩、台帽连接起来,可增加对位移的约束,以减少落梁或梁体冲击桥台胸墙等震害。据对美、日等国的调研,梁与梁、梁与墩台以用钢索作柔性连接较好。也可采用钢板连接,钢板螺栓连接一般只用于相邻孔主梁之间,钢板一端用螺栓固定在梁上,另一端螺孔成槽形,用螺杆与相邻孔主梁连接,可在槽孔中填弹性材料,允许在正常使用荷载和温度变化时钢板螺栓发生相对位移。以往也采用过普通钢丝绳连接主梁,是用普通钢丝绳在梁间缠绕,对限制位移的作用不明显,所以本规范未予采用。

钢挡板支架可安装在墩台帽上作防落梁挡块,也可固定在梁上作为限制上部结构发生过大位移的限位器。

11.4.2 钢筋混凝土挡块属小型构件,一般均可使用卷尺直接丈量放样。由于实桥支座、梁、板的位置及尺寸均不可能完全与设计图吻合,在旧桥墩、台帽上加作挡块时,必须依据实际丈量结果来适当调整挡块位置。保证挡块与支座、梁板之间的适当间隙是十分重要的。抗震设计在间隙中填塞橡胶等弹性缓冲材料,其厚度与间隙大小要相互匹配。因此在放样中既要满足挡块的几何尺寸,又要保证挡块与支座、梁、板的间隙。对防止横向落梁的挡块,一般只设于边梁(板)的外侧,而防止纵向落梁或支座脱落的挡块,则沿墩(台)帽横向设置。从美观考虑,应尽可能使挡块的外缘排列整齐。故本条强调放样时应兼顾间隙、几何尺寸、外缘位置三个因素,以前两个因素为主。

连接挡块与墩、台帽之间的锚固钢筋,主要承受剪力。对其平面位置准确度的要求,可以不如受弯构件中主筋位置那么严格。放置锚固钢筋的孔位必须避开旧墩台中的钢筋。因此,锚固钢筋位置的偏差范围规定较宽松,且只作一般要求,若有特殊情况(如设计锚筋正对墩、台帽的钢筋),上述规定尚不能满足实际需要时,可以突破。条文中钻孔直径按用环氧树脂类黏合剂来制定的。若用水泥砂浆黏结,尚可适当放大孔径。

清除旧混凝土表面的深度应露出粗骨料的表面,以保证新老混凝土可靠黏结。

锚栓孔植筋应处于干燥状态是针对用环氧树脂类黏结胶的情况。若是使用水泥砂浆,则应先润湿混凝土表面。

作为挡块与旧桥连接的锚筋,通常采用短螺纹钢筋。按承受剪切及拉拔的受力钢筋配置。

浇筑钢筋混凝土挡块施工技术要求同于一般钢筋混凝土小型构件的制作,包括钢筋加工、绑扎骨架、制作安装模板、配制浇筑混凝土等一系列工序,本款未作详细说明。

11.4.3 用拉杆连接相邻孔主梁或将主梁与桥梁的墩、台帽相连接,可能出现以下几种不同情况:钢索拉杆所连接的两端同为混凝土、钢筋混凝土类的结构;其中一端为钢结构或另一端为混凝土、钢筋混凝土类结构。这两种结构上加装锚固架等附属物的施工技术要求是不相同的。本条针对混凝土、钢筋混凝土类结构作出相应规定。

拉杆分柔性拉杆和刚性拉杆。柔性拉杆采用钢索(多为钢绞线),两端采用锚碇管将其整束锚固,并用螺母锁紧,活动端设有弹簧。钢索采用多层防锈热塑外护套。刚性拉杆采用钢板,用螺栓连接,活动端的螺孔做成滑槽,槽的长短依允许位移量设计。滑槽中填以弹性材料。钢构件一般在加工时即进行涂装,若设计有外露面或在安装过程中原涂装有破损,则在现场进行涂装。

11.4.5 采用钢筋混凝土加宽桥梁墩、台帽以及拱桥之拱座,也是防止落梁的常用方法。施工时,旧桥结合面应凿除表层,并植筋,施工技术要求与本规范第10章内容相同。加宽墩台帽也有与施加预应力的加固措施同时采用的。

11.5 防止地基土液化、流动的措施

11.5.1 防止液化加固法如图11-1所示。

在基础周围增加封闭的地下连续护壁,是为了抵抗地基的剪切变形、隔断间隙水压上升,局部防止基础下面的地基液化。

固化法是将从承台底面直到持力层的地基进行固化,以防止在地震时液化。加固后的基础由固化后的土体的竖直、水平承载力来承受作用于承台的外力。该方法为高压旋喷桩施工方法,即在承台及周围钻孔,高压注入水泥浆进行机械搅拌,形成旋喷桩。为了检测固化后的强度,又需从承台往下钻取岩芯。这有可能钻断承台中的钢筋,若钢筋损伤较多,应按实际状况进行承台的检算并采取相应加固措施。由于是用水泥压浆加固,本法不适合于软弱黏土层和腐殖土层,较适宜于砂土及持力层较浅的地基。

增加桩基同时需扩大承台。除扩大承台截面外有的还同时采取对承台施加预应力的加固措施。承台的扩大部分应与旧承台可靠联结,根据增加抗弯或抗剪能力的要求,加固

的部位和配筋有所差异。其施工技术要求和一般结构加固相同。

增加的桩基应穿过液化土层到持力层。

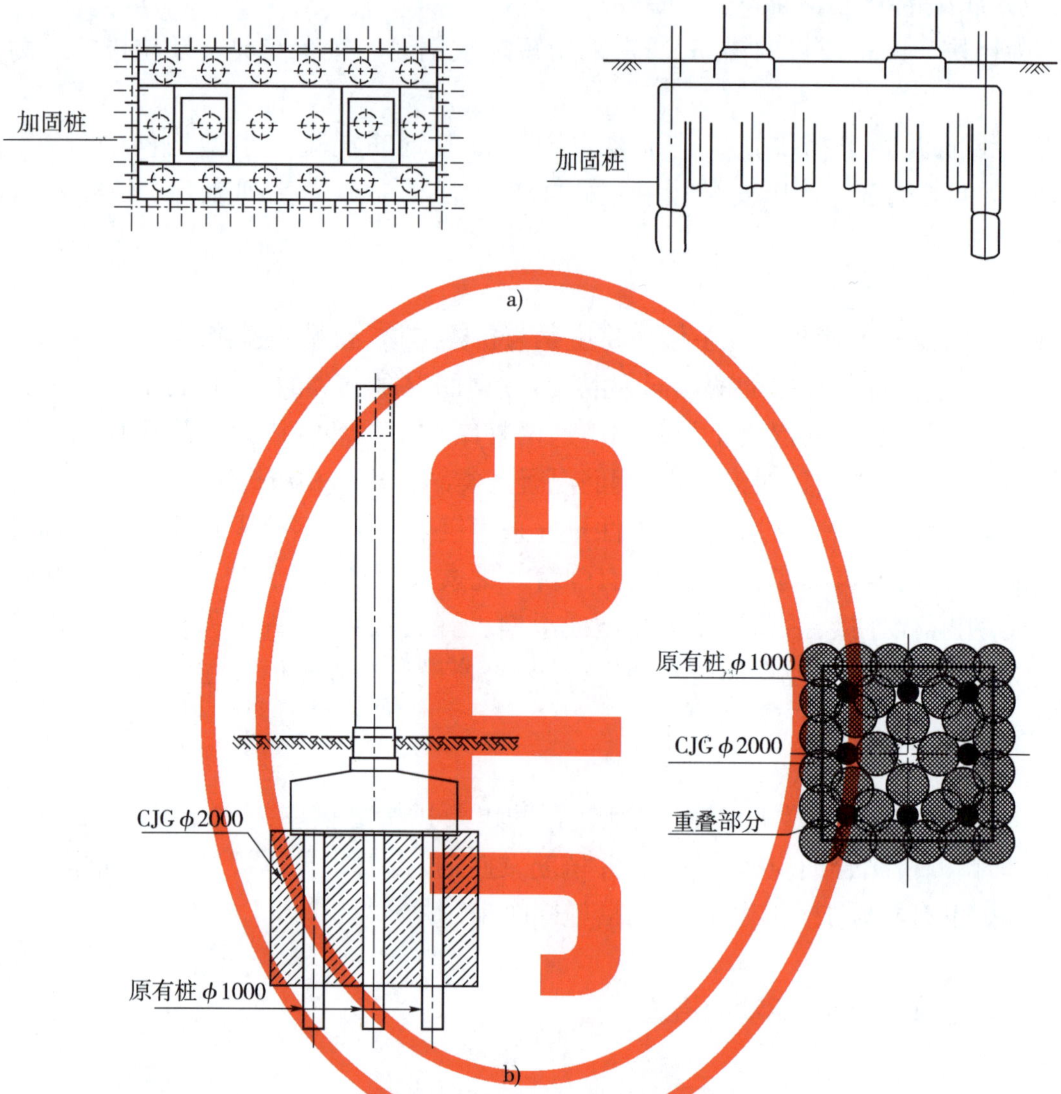

图 11-1 防止地基土液化的加固方法

a)基础周围加防护壁;b)固化地基土

11.5.2 防止地基土流动的加固方法见图 11-2。

11.6 更换减(隔)震支座

11.6.4 目前我国公路桥梁已在使用铅销橡胶减(隔)震支座和摩擦摆式减(隔)震支座,但均未形成国标或行业标准,故先要求满足经过认证的产品技术标准。铅销橡胶减(隔)震支座的基本构造与一般板式橡胶支座相同,多增加了铅销。要求参照板式橡胶支座的相关行业标准执行。

关于产品的进场检验。本规范按现行《公路桥梁板式橡胶支座》(JT/T 4)检验规则做了相应要求。此外,在选购产品时,还应核查生产厂家的生产许可证件。

图 11-2　防止地基土流动的加固方法

a)防止流动的护壁;b)置换部分土体

11.7 桥梁防碰撞加固

11.7.2 在通航或漂浮物较大的河道,为防止对桥墩的碰撞造成桥梁损伤,而进行预加固,是对原工程的完善,作为改建工程按设计实施。采用铅丝石笼等柔性防护,既可作永久性工程,也可作事故后的临时防护措施。

11.7.3 桥梁承受意外撞击主要有:超高车辆、船只及漂浮物(多因行洪时水位升高使之超出航道净空)撞击上部结构,车辆、船只及漂浮物未按规定车道、航道行进撞击桥墩或桥台。据报导,超高车辆撞击立交桥主梁的事故较多,北京市的桥梁仅2004年被撞多达60次,广州珠江大桥曾相继遭受"五连撞"。

造成撞击事故的原因主要是车、船违规行驶;也有因交通工程设施不全,未予正确诱导警示;或因为桥梁地基下沉、养护加高了被交道路面高程等原因造成净空不够引起的。

桥梁遭受车辆、船只或漂浮物碰撞后,轻则造成桥梁结构表面损伤,如混凝土开裂、掉块,重则造成桥墩倾斜、墩柱断裂,甚至影响上部结构,使桥梁的承载能力降低直至丧失。按照现行《公路桥涵养护规范》(JGT H 11)规定,遭受碰撞后应进行特殊检查,包括对损伤的调查及检算、确定承载能力、养护对策等,并据调查结果,进行加固设计和施工。

桥梁发生倾斜,除车辆、船只、漂浮物的撞击外,还可能是地基不均匀沉降所引起,引起不均匀沉降的原因有地基土质不一、冲刷淘空部分基础等。桥梁纠倾一般应采用施加外力或迫降纠倾的方法。

施加外力的纠倾方法,适用于意外撞击等引起的桥梁结构纠倾。采用此法需有承受反力的锚碇、锚桩、反力梁,一般需增作临时结构,耗时耗资较大。最好能因地制宜选用现成的锚固点。采用卷扬机可以稍远距离作业,选择锚固支承位置比用千斤顶灵活一些,而千斤顶占用场地较少。采用何种方案应进行比选。

迫降纠倾方法在建筑物的纠倾中使用较多,有比较成熟的经验。本规范相关部分主要依据建筑部门的资料编写。迫降纠倾是通过人工或机械的方法来调整地基土固有的应力状态,使沉降较少的一侧地基土局部土体应力增加,迫使土体产生新的竖向变形或侧向变形,使建筑物短期内沉降加剧,从而达到纠倾效果。由于桥梁结构与建筑物结构的差异,采用迫降纠倾法应慎重。

基底掏土纠倾法是在基础底面以下掏挖土体,削弱承载面积迫使沉降,机具简单操作方便,可在浅部进行。其土槽的位置和宽度是效果好坏或成败的关键。

堆载或卸载纠倾法,只适合小型工程。泥石流、滑坡等造成桥孔的意外堆积物,一般应清除,以减少对墩、台的侧压力和地基的竖向压力。

桥梁纠倾是比较复杂的一种加固技术,涉及结构、地基等多个方面,实施前应作方案设计和比选,确定纠倾量、位置、顺序、施加外力大小、安全保障措施,编制实施计划、操作规程,并按动态信息化施工来组织实施,施工过程中要进行严密的现场监测、监控,必须测量位移量、倾斜度、观测结构裂缝变化,尽可能测量结构的应力、变位及土压力。现场监测的情况应适时分析,如绘制荷载—变位—时间关系曲线,设置临界点预警,将实际情况与原设计对比等,并及时反馈信息用于调整施工作业,确保安全。

11.7.4 立交桥的桥墩或上部结构进行加固时,应视情况暂时控制桥上或桥孔的交通,或中断交通,这时应事先做好交通疏导、分流工作,减少对交通运输造成的损失,保证施工安全。针对船只或漂浮物通过的桥墩或桥台进行加固是水中作业,其施工技术要求同水中基础部分,施工中既要保证施工安全,又要保证船只、漂浮物顺利通过,所以本条强调与河道管理部门的协调。

12 支座和伸缩装置更换

12.1 支座更换

12.1.1 一般规定

更换支座装置应符合现行《公路桥涵施工技术规范》的规定。支座的构造应按设计规定办理。更换安装各种支座时,应计算校核支座位移量。

整体更换支座施工一般应通过结构分析确定:千斤顶顶梁位置离开原支座的允许距离,是否需要解除梁间纵向连接及解除位置,顶、落梁的批次,顶、落梁的高度及工序;按更换时的气温条件计算支座安装的偏移值。

因为安装旧桥支座与更换新支座的温度不一,梁的长度发生变化,新支座的安装位置应作相应调整。准确计算偏位值是必不可少的。如果差异较大,往往需要增大支座垫石的面积。

顶升梁体的临时支架应进行设计,其强度、刚度和稳定性必须满足规范要求。必要时可进行预压试验。

梁体的同步顶升,是施工操作保证安全的重要原则。梁板横向各支座处的顶升高程应相同,纵向各墩、台之间的顶升高度不宜相差过大。

12.1.2 简易支座及橡胶支座的更换

1 简易支座在梁底和墩台顶面之间设置垫层支承上部结构。固定的一端,加设套在钢管中的锚钉锚固,锚钉预埋在墩台帽内。简易支座仅适于跨度很小的梁桥和板桥。这种支座支承处梁、墩、台较容易出现剪切裂缝。更换支座时应进行结构处理。鉴于简易支座已经淘汰,更换时基本改用橡胶板式支座,应注意两种支座的总厚度不同,需要调整桥面高程。

2 板式橡胶支座包括橡胶支座和滑板支座,橡胶支座主要利用橡胶的不均匀弹性压缩适应转角,利用其剪切变形适应水平位移。滑板支座则利用四氟乙烯板与不锈钢板之间很小的摩阻力来适应水平位移。当更换支座与原安装温差较大时,安装支座应考虑偏位值。保证支座安放水平是更换支座施工的重要控制指标。支座下设置的垫石应注意顶面平整,使两端支承垫石尽量处于同一水平面,其相对误差小于等于3mm,避免支座发生偏斜、不均匀受力和脱空现象,如有间隙应用钢板填塞。弯坡斜桥的各支座高程不一,应根据纵横坡度逐一核对,如原支座垫石设置不当,应进行修理调整。

3 盆式橡胶支座分固定支座和活动支座,常用盆式橡胶支座由上支座板不锈钢板、聚四氟乙烯(PTFE)板、圆钢盆、橡胶板、紧箍圈、防水圈和下支座板等组成,构造较复杂。更换时应检查支座各部件质量。

12.1.4 顶升梁体

支座整体更换的顶升方法可分为三类。

T形梁桥、箱梁桥:墩台结构如无任何病害,可以直接考虑在盖梁顶面和T梁(箱梁)横隔板下实施顶升。

板梁桥或需加固墩台的桥梁:利用扩大基础或承台搭设顶升支架实施作业,顶升点应尽量靠近原支点。

板梁桥或需加固墩台的桥梁:没有可以利用的扩大基础或承台,需重新浇注临时承重基础安装顶升支架实施作业。在施工前应向业主了解地下是否埋有管线,以免损坏管线。

起梁前先计算出各墩柱的受压力值作为参考,在墩顶设置百分表位移观测系统,严格控制每次顶升量和总顶升量。

对梁体进行裂缝监控,必要时同时监控主要截面应力。起梁时如果裂缝发展超过了规范和设计允许值,必须停止起梁,查找原因,解决问题,再重新起梁。

12.2 伸缩装置更换

12.2.1 一般规定

桥梁伸缩缝装置属于桥梁的易损部件,修理、更换的频率较高。更换伸缩缝装置应考虑安装时温度对伸缩装置的影响,以实际温度计算开口量,如设计更换的伸缩装置不具备或很难具备初始位移量,则应要求调整伸缩装置的型号。

伸缩装置更换一般不中断交通,采用半幅施工,应注意做好两半幅伸缩装置的连接。

清除原伸缩装置时,尽量不破坏梁端混凝土和锚固钢筋,若因安装新伸缩装置需裁切原锚筋时,应留足连接长度。

安装伸缩装置,一般在开放状态浇筑槽口混凝土。槽口混凝土多采用高强、抗冲击韧性好的材料。浇筑混凝土时,应在梁间安放塑料泡沫板等材料以防止混凝土渗入模数式伸缩装置位移控制箱内,也不允许混凝土溅填在密封橡胶带缝中,如果发生此现象,应立即清除。

安装伸缩装置在调整好线形高程后,应临时固定。临时固定可采用专用卡具,或用短钢筋点焊。点焊应两侧对称进行,防止构件翘曲。

12.2.2 嵌固对接式伸缩装置更换

嵌固对接式(橡胶条型)伸缩装置,易过紧或过松,橡胶条出现脱落、断裂。在更换时应考虑韧性高的橡胶材料。新采用伸缩缝装置出厂的构件质量应符合有关规定及规范要求。当嵌固橡胶条的型钢及锚固部件出现破损,应修理或更换,包括拆卸原构件、清除槽口混凝土、重新植筋锚固、安装钢构件、嵌入橡胶条等工作。其施工技术要求可按本规范

第6章有关规定办理。

12.2.3 钢制支承式伸缩装置更换

1 常用的钢板伸缩装置有钢板叠合型和梳形钢板型。钢板叠合型,又叫平板式,适用于梁变形量在40~60mm之间的桥梁。当变形量大时,多采用梳形钢板伸缩装置。这种装置结构本身刚度较大,抗冲击力强,易出现焊口开焊、钢板脱落、连接螺栓损伤、伸缩节点活动异常、橡胶条破损漏水等缺陷。

更换梳形钢板伸缩装置时的间隙应按梁体温度决定,计算式为:

$$\Delta_1 = l - l_1 + l_2$$

式中:Δ_1——安装时的梳形板间隙;

l——梁的总伸缩量;

l_1——施工时梁的伸长量,应考虑混凝土干燥收缩引起的收缩量,预应力混凝土梁还应考虑混凝土徐变引起的收缩量;

l_2——富余量。

2 连接螺栓有损坏或断裂情况时,用同型号的螺栓更换。

12.2.4 板式橡胶伸缩装置更换

板式橡胶伸缩装置以橡胶板为跨缝材料,在橡胶伸缩体内两侧预埋两块锚固钢板,通过螺栓与梁体连接。这种伸缩缝装置易出现橡胶老化、橡胶板局部断裂、脱出、螺栓松动、断裂,现已淘汰,更换时往往用嵌固对接式伸缩装置代替。

12.2.5 模数式伸缩装置更换

模数式伸缩装置适用于伸缩量为80~1200mm的桥梁工程。这种伸缩装置易出现纵梁开裂、晃动、伸缩缝不均匀、密封橡胶条脱落、锚固系统破坏等缺陷。模数式伸缩装置必须在工厂进行组装,其钢构件不允许变形扭曲。更换安装时应注意伸缩装置的中心线与桥梁中心线重合,并使其顶面高程与设计高程吻合,按桥面横坡定位、焊接。

公路工程现行标准、规范、规程、指南一览表

(2017 年 5 月)

序号	类别		编　　号	书名(书号)	定价(元)
1			JTG A02—2013	公路工程行业标准制修订管理导则(10544)	15.00
2			JTG A04—2013	公路工程标准编写导则(10538)	20.00
3			JTJ 002—87	公路工程名词术语(0346)	22.00
4			JTJ 003—86	公路自然区划标准(0348)	16.00
5			JTG B01—2014	★公路工程技术标准(活页夹版,11814)	98.00
6			JTG B01—2014	★公路工程技术标准(平装版,11829)	68.00
7			JTG B02—2013	公路工程抗震规范(11120)	45.00
8			JTG/T B02-01—2008	公路桥梁抗震设计细则(13318)	45.00
9			JTG B03—2006	公路建设项目环境影响评价规范(13373)	40.00
10			JTG B04—2010	公路环境保护设计规范(08473)	28.00
11			JTG B05—2015	★公路项目安全性评价规范(12806)	45.00
12	基础		JTG B05-01—2013	公路护栏安全性能评价标准(10992)	30.00
13			JTG B06—2007	公路工程基本建设项目概算预算编制办法(06903)	26.00
14			JTG/T B06-01—2007	★公路工程概算定额(06901)	110.00
15			JTG/T B06-02—2007	★公路工程预算定额(06902)	138.00
16			JTG/T B06-03—2007	★公路工程机械台班费用定额(06900)	24.00
17			交通部定额站 2009 版	公路工程施工定额(07864)	78.00
18			JTG/T B07-01—2006	公路工程混凝土结构防腐蚀技术规范(13592)	30.00
19			交通部 2007 年第 30 号	国家高速公路网相关标志更换工作实施技术指南(1124)	58.00
20			交通部 2007 年第 35 号	收费公路联网收费技术要求(1126)	62.00
21			交通运输部 2015 年第 40 号	★收费公路联网收费多义性路径识别技术要求(12484)	40.00
22			JTG B10-01—2014	公路电子不停车收费联网运营和服务规范(11566)	30.00
23			交通运输部 2011 年	公路工程项目建设用地指标(09402)	36.00
24			JTG C10—2007	★公路勘测规范(06570)	28.00
25			JTG/T C10—2007	★公路勘测细则(06572)	42.00
26			JTG C20—2011	公路工程地质勘察规范(09507)	65.00
27	勘测		JTG/T C21-01—2005	公路工程地质遥感勘察规范(0839)	17.00
28			JTG/T C21-02—2014	公路工程卫星图像测绘技术规程(11540)	25.00
29			JTG/T C22—2009	公路工程物探规程(1311)	28.00
30			JTG C30—2015	★公路工程水文勘测设计规范(12063)	70.00
31			JTG D20—2006	★公路路线设计规范(0996)	38.00
32			JTG/T D21—2014	公路立体交叉设计细则(11761)	60.00
33			JTG D30—2015	★公路路基设计规范(12147)	98.00
34			JTG/T D31—2008	沙漠地区公路设计与施工指南(1206)	32.00
35		公	JTG/T D31-02—2013	★公路软土地基路堤设计与施工技术细则(10449)	40.00
36			JTG/T D31-03—2011	★采空区公路设计与施工技术细则(09181)	40.00
37		路	JTG/T D31-04—2012	多年冻土地区公路设计与施工技术细则(10260)	40.00
38			JTG/T D32—2012	★公路土工合成材料应用技术规范(09908)	42.00
39			JTG D40—2011	★公路水泥混凝土路面设计规范(09463)	40.00
40			JTG D50—2017	★公路沥青路面设计规范(13760)	50.00
41			JTG/T D33—2012	公路排水设计规范(10337)	40.00
42	设		JTG D60—2015	★公路桥涵设计通用规范(12506)	40.00
43			JTG/T D60-01—2004	公路桥梁抗风设计规范(0814)	28.00
44			JTG D61—2005	公路圬工桥涵设计规范(13355)	30.00
45			JTG D62—2004	公路钢筋混凝土及预应力混凝土桥涵设计规范(05052)	48.00
46	计		JTG D63—2007	公路桥涵地基与基础设计规范(06892)	48.00
47			JTG D64—2015	★公路钢结构桥梁设计规范(12507)	80.00
48		桥	JTG D64-01—2015	公路钢混组合桥梁设计与施工规范(12682)	45.00
49			JTG/T D65-01—2007	公路斜拉桥设计细则(1125)	28.00
50			JTG/T D65-04—2007	公路涵洞设计细则(06628)	26.00
51		隧	JTG/T D65-05—2015	公路悬索桥设计规范(12674)	55.00
52			JTG/T D65-06—2015	公路钢管混凝土拱桥设计规范(12514)	40.00
53			JTG D70—2004	公路隧道设计规范(05180)	50.00
54			JTG/T D70—2010	★公路隧道设计细则(08478)	66.00
55			JTG D70/2—2014	公路隧道设计规范　第二册　交通工程与附属设施(11543)	50.00
56			JTG/T D70/2-01—2014	公路隧道照明设计细则(11541)	35.00
57			JTG/T D70/2-02—2014	公路隧道通风设计细则(11546)	70.00

续上表

序号	类别		编号	书名(书号)	定价(元)
58	设计	交通工程	JTG D80—2006	高速公路交通工程及沿线设施设计通用规范(0998)	25.00
59			JTG D81—2006	★公路交通安全设施设计规范(0977)	25.00
60			JTG/T D81—2006	★公路交通安全设施设计细则(12609)	50.00
61			JTG D82—2009	公路交通标志和标线设置规范(07947)	116.00
62		综合	交公路发〔2007〕358 号	公路工程基本建设项目设计文件编制办法(06746)	26.00
63			交公路发〔2007〕358 号	公路工程基本建设项目设计文件图表示例(06770)	600.00
64			交公路发〔2015〕69 号	公路工程特殊结构桥梁项目设计文件编制办法(12455)	30.00
65	检测		JTG E20—2011	公路工程沥青及沥青混合料试验规程(09468)	106.00
66			JTG E30—2005	公路工程水泥及水泥混凝土试验规程(13319)	55.00
67			JTG E40—2007	★公路土工试验规程(06794)	79.00
68			JTG E41—2005	公路工程岩石试验规程(13351)	30.00
69			JTG E42—2005	公路工程集料试验规程(13353)	50.00
70			JTG E50—2006	★公路工程土工合成材料试验规程(13398)	40.00
71			JTG E51—2009	公路工程无机结合料稳定材料试验规程(08046)	60.00
72			JTG E60—2008	公路路基路面现场测试规程(07296)	38.00
73			JTG/T E61—2014	公路路面技术状况自动化检测规程(11830)	25.00
74	施工	公路	JTG F10—2006	公路路基施工技术规范(06221)	40.00
75			JTG/T F20—2015	★公路路面基层施工技术细则(12367)	45.00
76			JTG/T F30—2014	公路水泥混凝土路面施工技术细则(11244)	60.00
77			JTG/T F31—2014	公路水泥混凝土路面再生利用技术细则(11360)	30.00
78			JTG F40—2004	★公路沥青路面施工技术规范(05328)	50.00
79			JTG F41—2008	公路沥青路面再生技术规范(07105)	25.00
80		桥隧	JTG/T F50—2011	★公路桥涵施工技术规范(09224)	110.00
81			JTG/T F81-01—2004	公路工程基桩动测技术规程(0783)	20.00
82			JTG F60—2009	公路隧道施工技术规范(07992)	42.00
83			JTG/T F60—2009	公路隧道施工技术细则(07991)	58.00
84		交通	JTG F71—2006	★公路交通安全设施施工技术规范(13397)	30.00
85			JTG/T F72—2011	公路隧道交通工程与附属设施施工技术规范(09509)	35.00
86	质检安全		JTG F80/1—2004	公路工程质量检验评定标准　第一册　土建工程(05327)	46.00
87			JTG F80/2—2004	公路工程质量检验评定标准　第二册　机电工程(05325)	40.00
88			JTG G10—2016	公路工程施工监理规范(13275)	40.00
89			JTG F90—2015	★公路工程施工安全技术规范(12138)	68.00
90	养护管理		JTG H10—2009	公路养护技术规范(08071)	49.00
91			JTJ 073.1—2001	公路水泥混凝土路面养护技术规范(13658)	20.00
92			JTJ 073.2—2001	公路沥青路面养护技术规范(13677)	20.00
93			JTG H11—2004	公路桥涵养护规范(05025)	30.00
94			JTG H12—2015	公路隧道养护技术规范(12062)	60.00
95			JTG H20—2007	公路技术状况评定标准(13399)	25.00
96			JTG/T H21—2011	★公路桥梁技术状况评定标准(09324)	46.00
97			JTG H30—2015	公路养护安全作业规程(12234)	90.00
98			JTG H40—2002	公路养护工程预算编制导则(0641)	9.00
99	加固设计与施工		JTG/T J21—2011	公路桥梁承载能力检测评定规程(09480)	20.00
100			JTG/T J21-01—2015	公路桥梁荷载试验规程(12751)	40.00
101			JTG/T J22—2008	公路桥梁加固设计规范(07380)	52.00
102			JTG/T J23—2008	公路桥梁加固施工技术规范(07378)	30.00
103	改扩建		JTG/T L11—2014	高速公路改扩建设计细则(11998)	45.00
104			JTG/T L80—2014	高速公路改扩建交通工程及沿线设施设计细则(11999)	30.00
105	造价		JTG M20—2011	公路工程基本建设项目投资估算编制办法(09557)	30.00
106			JTG/T M21—2011	公路工程估算指标(09531)	110.00
1	技术指南		交公便字〔2006〕02 号	公路工程水泥混凝土外加剂与掺合料应用技术指南(0925)	50.00
2			厅公路字〔2006〕418 号	公路安全保障工程实施技术指南(1034)	40.00
3			交公便字〔2009〕145 号	公路交通标志和标线设置手册(07990)	165.00

注:JTG——公路工程行业标准体系;JTG/T——公路工程行业推荐性标准体系;JTJ——仍在执行的公路工程原行业标准体系。

带“★”的表示有勘误,详见中国交通运输标准服务平台 www.yuetong.cn/bzfw。